CREATIVE CONTRIBUTORS

THE ULTIMATE WRESTLING ACTIVITY BOOK

THIS BOOK BELONGS TO:

....

HOW THE ACTIVITIES WORK

This book includes 101 activity pages! Here are the rules for the puzzle pages...

Word Searches
Find the clues in the word search! The clues run **horizontally, vertically, diagonally** and **back-to-front.**

Crosswords
Fill in the answers to the clues horizontally and vertically to complete the puzzle. A gray box is a space, meaning the answer is multiple words.

Mazes
Start at the arrow and make your way through to the other side.

Find the Item
One to test your eyes! Just find and circle the item.

Word Scrambles
These are words and phrases that are mixed up and you need to rearrange them into the correct order.

Spot The Differences
Find and then circle the differences between the two images.

Create a Wrestler, Design a Title & More
These pages allow you to express your creativity. Use coloring pencils/crayons to create design your very own wrestlers, title belts, masks and more!

Can You Name & Your Ultimate
These pages ask you to name or list things to do with wrestling.
It could be wrestlers, moves, sayings... write down as many things as you can.

Creative Writing & Drawing
These pages have writing prompts on them to help flex your creativity.

Disclaimer: This book makes no claim on any rights of any wrestling promotions, wrestlers, events, moves or anything else included in this book. Mentioning them is for entertainment purposes only.

MY WRESTLING PROFILE

FILL IN THE BELOW AND BUILD YOUR WRESTLING PROFILE. RATE STATS OUT OF 100.

NAME: ....

STICK YOUR PICTURE HERE

NICKNAME: ....

POWER:	**TECHNICAL:**
SUBMISSIONS:	**STAR POWER:**
SPEED:	**CHARISMA:**

MAZE #1

START AT THE ARROW AND FIND YOUR WAY THROUGH TO THE OTHER SIDE

CREATE A WRESTLER
NAME, RATE & COLOR YOUR WRESTLER!

NAME: ....

POWER ☆ ☆ ☆ ☆ ☆ **HIGH FLYING** ☆ ☆ ☆ ☆ ☆

TECHNIQUE ☆ ☆ ☆ ☆ ☆ **CHARISMA** ☆ ☆ ☆ ☆ ☆

WORDSEARCH: TOP ROPE MOVES

FIND THE HIGH FLYING MOVES BELOW

```
J Z Q C U J M H Z N K Q V R U H O J O U I M
K F Q A V S K L P I J H Y W G U U Z K Q J V
N O W I R N V V X E Q Z P H S A L P S Z W Z
M C H T Z C Q B W A X B T S S T R D R F T C
O A T Q I J V U R I N N I C E N V J S Q O K
Y N X Q F G J O X O T A O Z R T Q R U T X R
Y T H N U S K A S F H G R P P V G R R B S Y
C K T U L C C W K B A A W N R M A W X V L Z
P I D U T A G L E W S S H S A L P S G O R F
L K O S B H F H B H M I V N T C Y I B M N F
C L C P I D I W Y U H U V S S A I H M P Z U
X T W W X L A C S W S N T H G C J R T Z Z Z
R R F Z O V X E W T H E M F N M Y C R M R K
U S G A W A X E H A N D L E I B A Z P U P I
L S E E Q P Z R N F K E P B T I Q H E D H F
T I J X Q O W V I U Z Q Y F O X S A S Y E B
G U R A L L Q A H A G W A I O W O K E G A V
Z P S N I K S C J I A O P F H G D W N T Q K
B R G M Y Y K D J X G H C H S P I R T H P W
P E J A I V X Y A U E I U O T S F T O M E D
J M O O N S A U L T E R Z X L Z E Y N P N K
F T T Y H B T Q O F R S C H X N Z G V X K S
```

MOONSAULT
SPLASH
SHOOTING STAR PRESS

FROG SPLASH
SENTON
HEADBUTT

ELBOW DROP
AXE HANDLE
HURRICANRANA

SEARCH AND FIND #1
FIND AND CIRCLE THE LUCHA LIBRE WRESTLING MASK

DESIGN A TITLE

DESIGN A WRESTLING CHAMPIONSHIP BELT AND COLOR IT IN

TITLE NAME: ....

WHAT MAKES IT UNIQUE?

....

....

....

DESIGN A T-SHIRT

DRAW AND COLOUR IN A T-SHIRT FOR A WRESTLER!

YOUR ULTIMATE: CURRENT WRESTLERS

PICK YOUR FAVORITE ACTIVE WRESTLERS BELOW

1 ....

REASON: ....

....

2 ....

REASON: ....

....

3 ....

REASON: ....

....

RUNNERS UP:

1. ....

2. ....

3. ....

SPOT THE DIFFERENCE
FIND AND CIRCLE THE 8 DIFFERENCES BETWEEN THE IMAGES

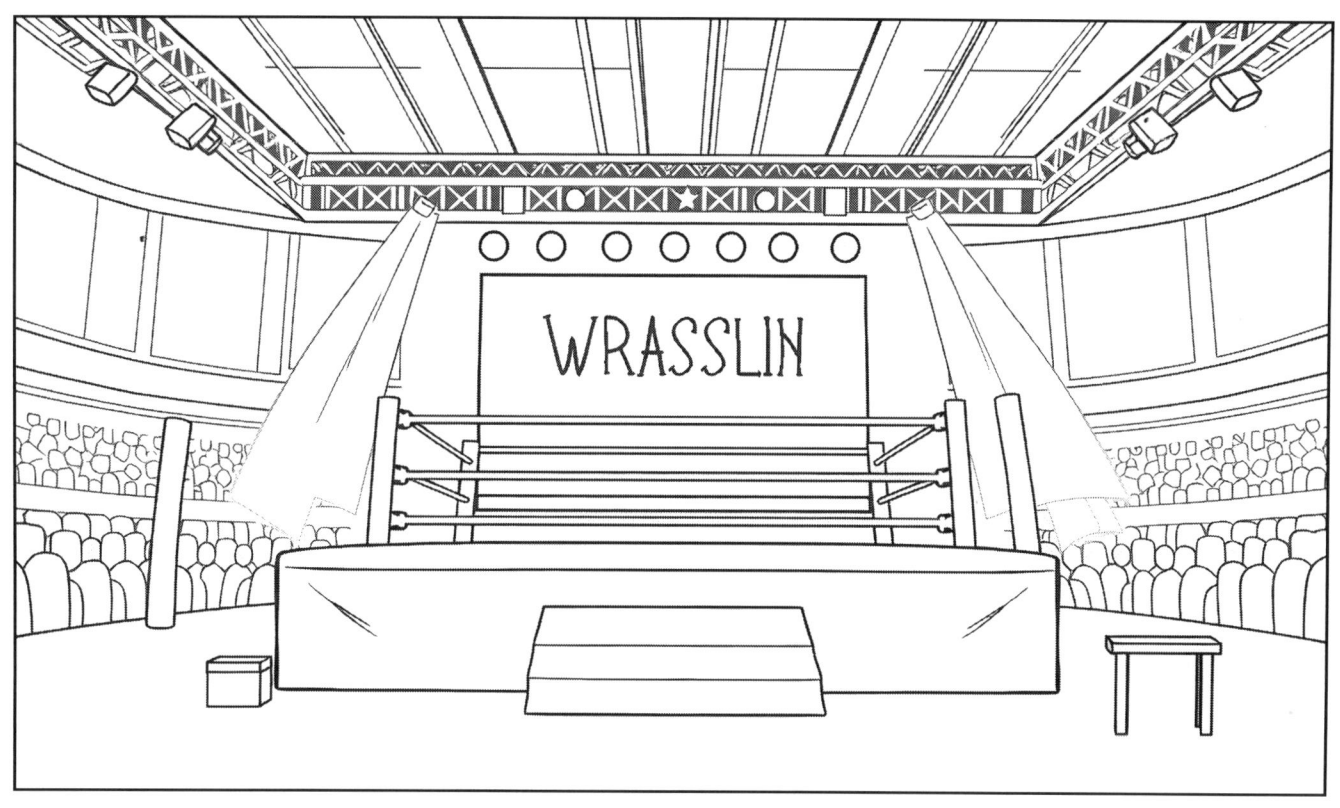

MAZE #2

START AT THE ARROW AND FIND YOUR WAY THROUGH TO THE OTHER SIDE

CREATE A WRESTLER

NAME: ....

POWER ☆☆☆☆☆   HIGH FLYING ☆☆☆☆☆

TECHNIQUE ☆☆☆☆☆   CHARISMA ☆☆☆☆☆

WORD SCRAMBLE: CATCHPHRASES
UNSCRAMBLE THE LETTERS TO REVEAL THE CORRECT WORD/S

L LYSFIMUEO

I........ Y............ S......................

TO ATHRH WKCE

W............ ....

I CNIKOOSG

.... C............................

NYCE AEUO E'TSM

Y.......... C..........'.... S......... M......

YO EDIURR'EF

Y.............'........ ....

EAE Y HACV ADIN

H........... .... N............ D..............

YAEH

....

EOCI DSOTSL N DASO

S........... C............ S............ S...

CEPR NTIASE E

R.......... .... P........................

H ATSRHAW U

W............ .... R........................

12

WORDSEARCH: SUBMISSIONS

FIND THE SUBMISSION MOVES BELOW

```
H J H V L A X H R F O Y I D P Q D
F F V Y S E A J X M M H B Z P D F
J L S J C C R O S S F A C E F V W
F Q I X R M F R Z U R U M E Z I L
L M G H Y K K E K C T X K H H C B
Q D Z I U Y V T N I T C X C A R F
H M V Q N G E O X F B H T T M L Z
T Z Q F Z Y T O A U A U Q U M R K
T Y H S I S H H I N L C O L R Y X
K V X D O G I S F C Q T E C Z C T
P S V B V K U P A Y M H N L T V I
I S L E E P E R H O L D I E O K W
K V K I V B B A E Q I Q P M K C H
P I K V V O F H H F V M X A R R K
R G V Z C G F S Z B O A D C X S D
P J A N K L E L O C K U K J F S C
X V V A N Y N Y C V W A R D F D W
```

FIGURE FOUR   COBRA CLUTCH   SLEEPER HOLD
CROSSFACE   FACELOCK   ANKLE LOCK
SHARPSHOOTER   CAMEL CLUTCH   BOSTON CRAB

CROSSWORD: WRESTLING TRIVIA

SOLVE THE CLUES AROUND WRESTLING INFORMATION AND HISTORY.

Across:
1. The name of the 'Giant' Hulk Hogan slammed
2. A term for a wrestler who never wins
3. Dwayne Johnson was first called this ring name - Rocky...
4. This Paul used to run a hardcore wrestling company
5. Famous women's ex-wrestler known as the 9th wonder of the world

Down:
1. The Name of the most famous wrestling event of the year
2. Term for a quick victory
3. A wrestler making their first appearance
4. What the E stands for in the most famous wrestling company

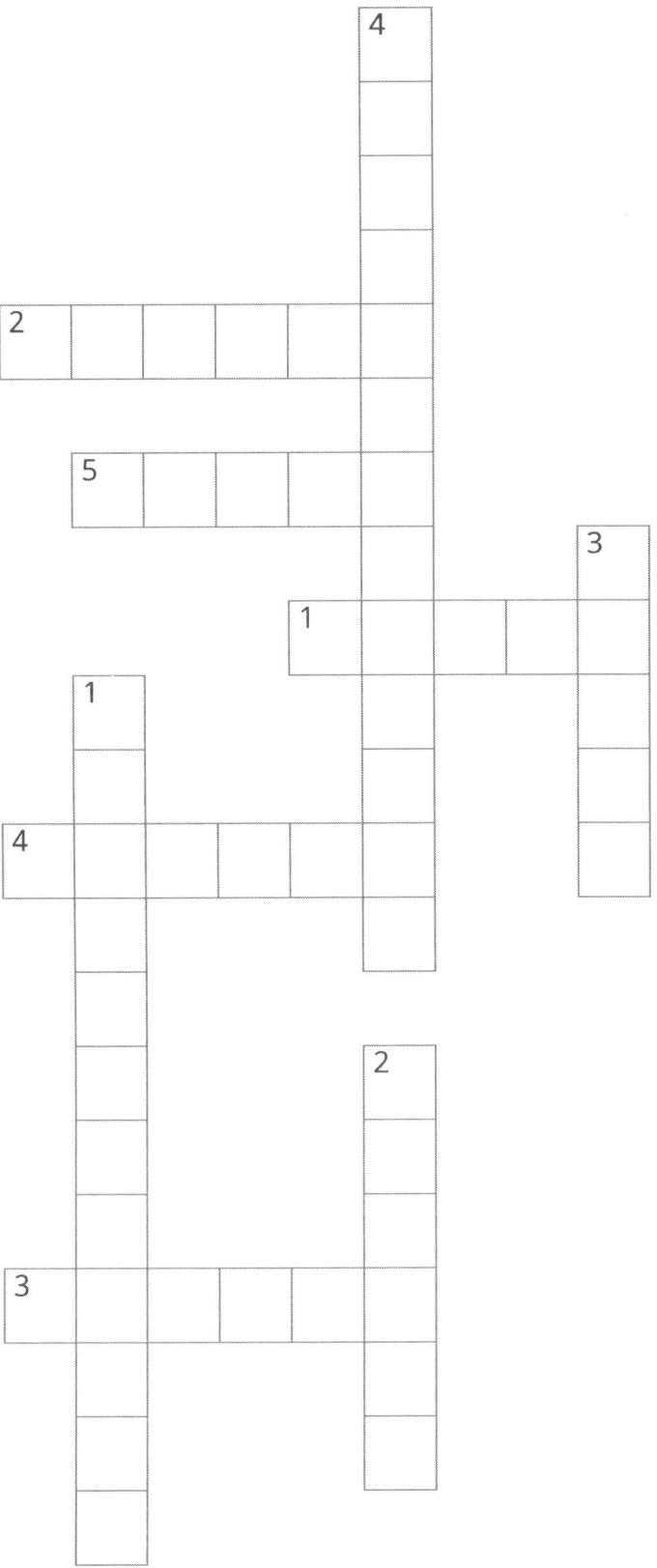

CAN YOU LIST: SUBMISSIONS
LIST 10 SUBMISSION MOVES

1. ....
2. ....
3. ....
4. ....
5. ....
6. ....
7. ....
8. ....
9. ....
10. ....

COLORING: WRESTLING

COLOR EACH WRESTLING LOGO WITH DIFFERENT COLORS!

SPOT THE DIFFERENCE

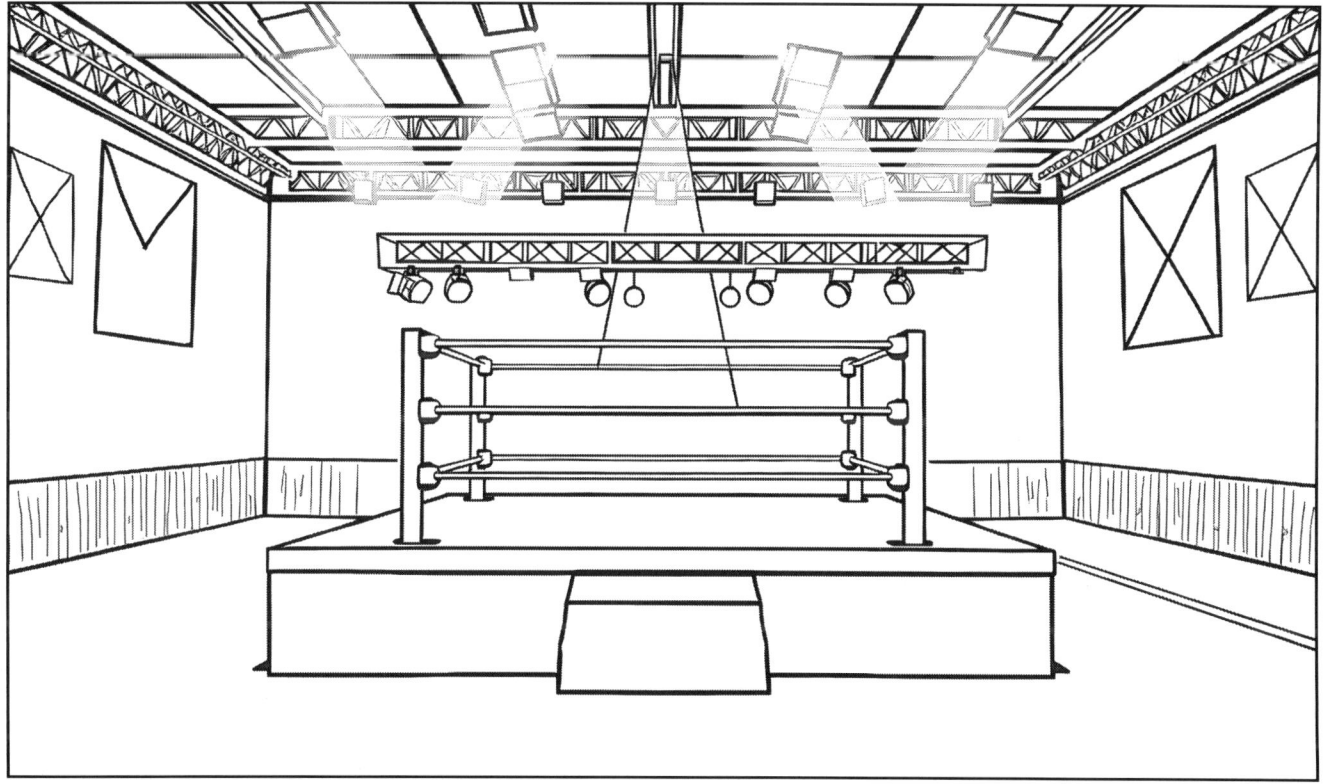

WORD SCRAMBLE: WRESTLING MOVES
UNSCRAMBLE THE LETTERS TO REVEAL THE CORRECT WORD/S

KLEONLCAK

A.................... ....

LGBDLUO

B..

TNNURSE

....

TAARIL

L..

E AULGEMXPRSN

G...................... ....

SREAP

....

AKECDLHO

H..

PLGR DOE

L................. ....

PHORSRHTOEAS

S..

ERSFTACEBU

F..

MAZE #3

START AT THE ARROW AND FIND YOUR WAY THROUGH TO THE OTHER SIDE

CREATE A WRESTLER

NAME: ....

POWER ☆ ☆ ☆ ☆ ☆   HIGH FLYING ☆ ☆ ☆ ☆ ☆

TECHNIQUE ☆ ☆ ☆ ☆ ☆   CHARISMA ☆ ☆ ☆ ☆ ☆

CROSSWORD: NAME THAT MOVE

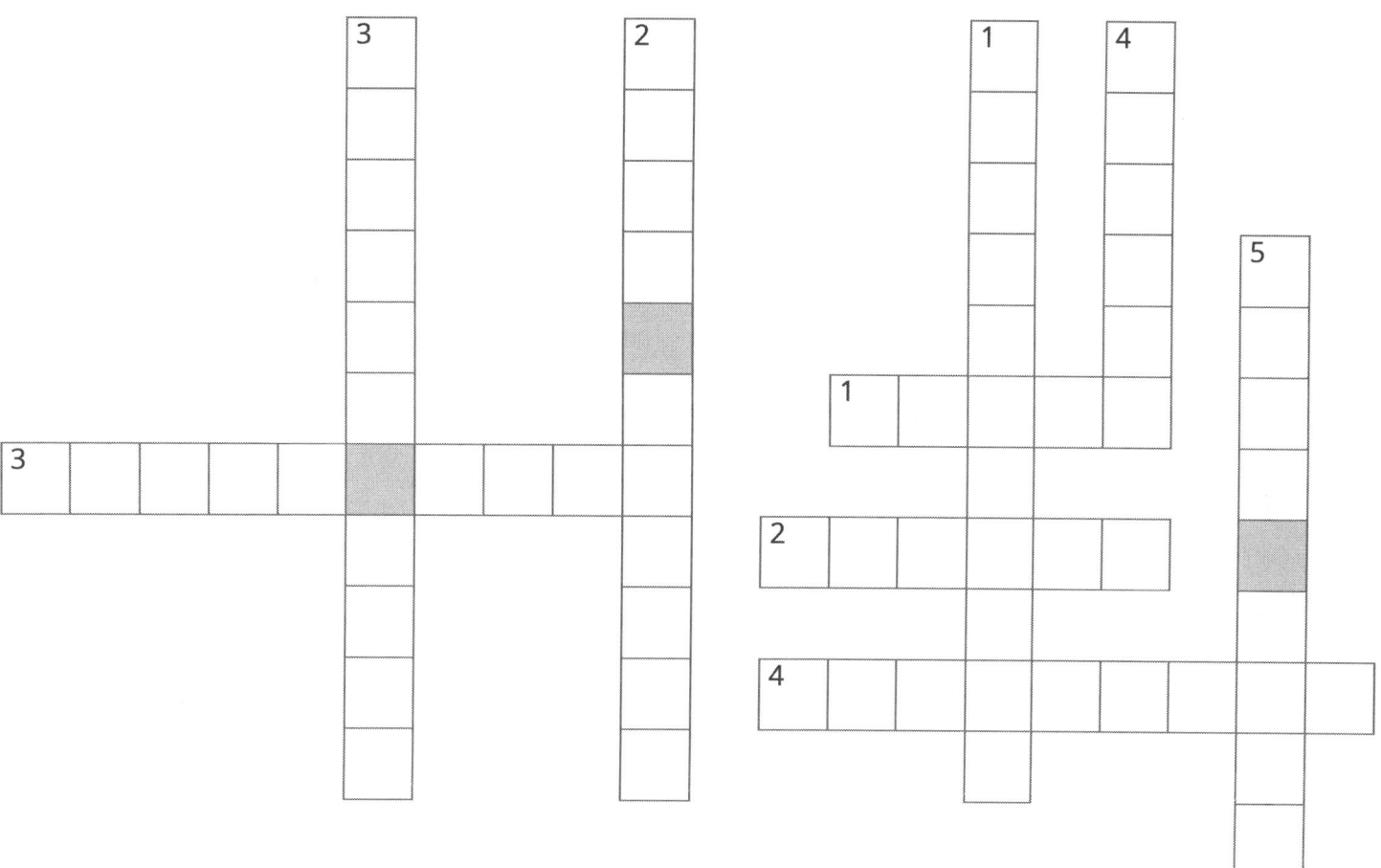

Across:
1. A caveman might use one of these
2. A wrestling throw with lots of variations
3. Throwing someone into the ropes
4. A backflip

Down:
1. Used for hanging clothes
2. A green animal might do this move
3. Ric Flair made this submission famous
4. The RKO is a version of this move
5. A common pick up and throw down

DESIGN A TITLE

DESIGN A WRESTLING CHAMPIONSHIP BELT AND COLOR IT IN

TITLE NAME: ....

WHAT MAKES IT UNIQUE?

....

....

....

WORDSEARCH: POWER

FIND THE POWER MOVES BELOW

```
J M B Z Z A R L C P Y Y C I W S P R
I H X Z A U H O H S O O F K S U T T
M H R J K Y K W O P N B T P N N J F
S I X O Z J N T K I C T A Q P U M C
H T L I H U F E E N Q L H Q I Q M I
K Z O I V Y S L S E A N Q R L Y L Z
M I X R T W M C L B H T Z K E R C O
W A P C E A X Y A U O Z T P D U W R
P X L A G K R M M S H J O V R C O A
A A S S B R A Y B T Q W H B I D P C
X M W A R S K E P E E J A L V Q A C
M L J R L E A W R U T O R E T B L
H P F A E G W G B B E X X C R X U Z
E M M E O V B O V H K S E J A F K K
K Z E P K O M X P E N C S H B B Y Y
N W X S H B G O B B E T A B V R J
E Y V K R Y M B E U S Y U B X P J B
F N V D M X X Q S Q U N C S E J X L
```

POWERBOMB   SPEAR   ALABAMA SLAM
PILEDRIVER   MILITARY PRESS   BACKBREAKER
CHOKESLAM   SPINEBUSTER   POWERSLAM

DESIGN A MASK

COLOR IN THE LUCHA LIBRE WRESTLING MASK AND GIVE IT A NAME

NAME: ....

CAN YOU LIST: TAG TEAMS

LIST 10 TAG TEAMS THAT ARE CURRENTLY WRESTLING

1. ....
2. ....
3. ....
4. ....
5. ....
6. ....
7. ....
8. ....
9. ....
10. ....

CREATE A WRESTLER

NAME: ....

POWER ☆☆☆☆☆   HIGH FLYING ☆☆☆☆☆

TECHNIQUE ☆☆☆☆☆   CHARISMA ☆☆☆☆☆

MAZE #4

START AT THE ARROW AND FIND YOUR WAY THROUGH TO THE OTHER SIDE

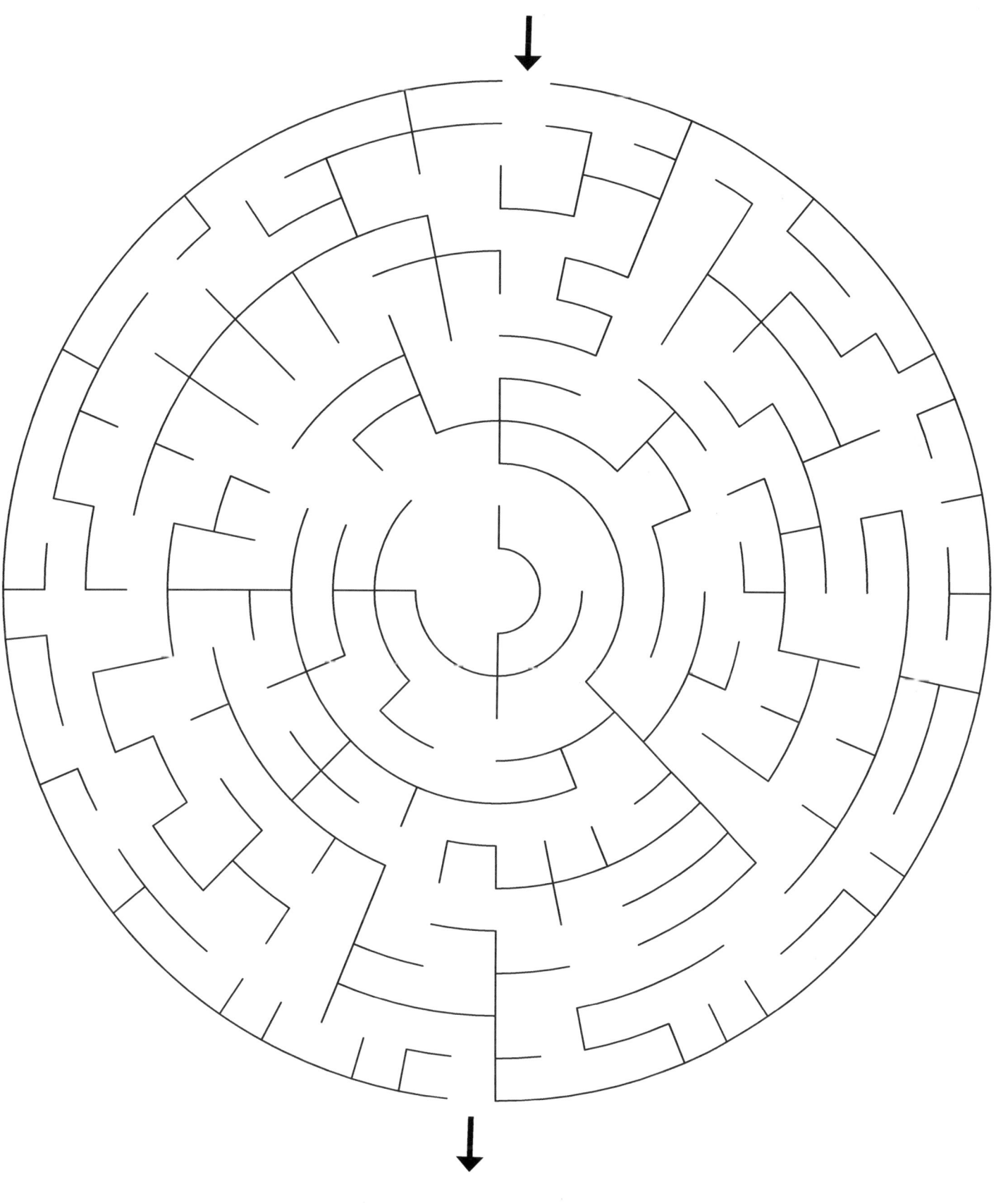

YOUR ULTIMATE: WRESTLING MOVES
SUPLEXES, SLAMS, WHATEVER MOVES YOU LIKE... LIST THEM BELOW!

1 ....

REASON: ....

....

2 ....

REASON: ....

....

3 ....

REASON: ....

....

RUNNERS UP:

1. ....

2. ....

3. ....

SPOT THE DIFFERENCE

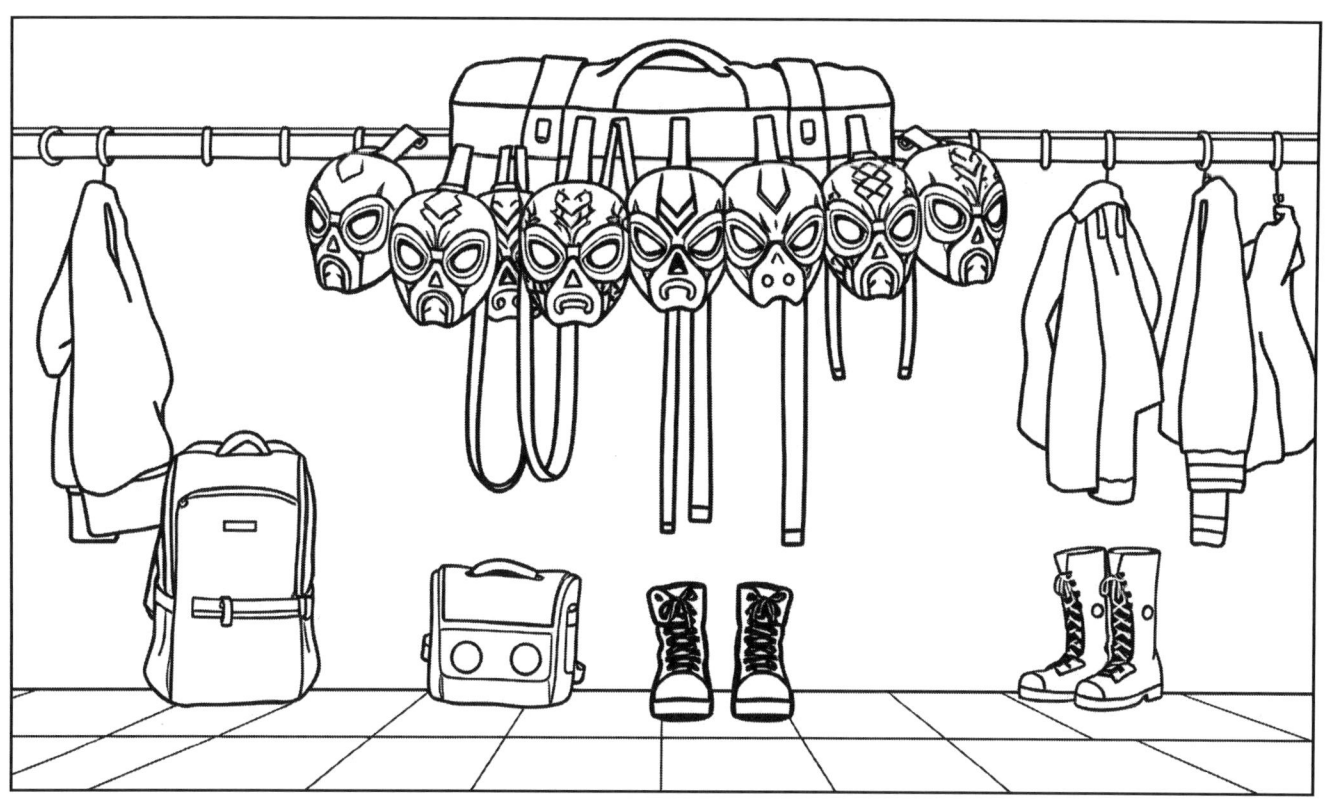

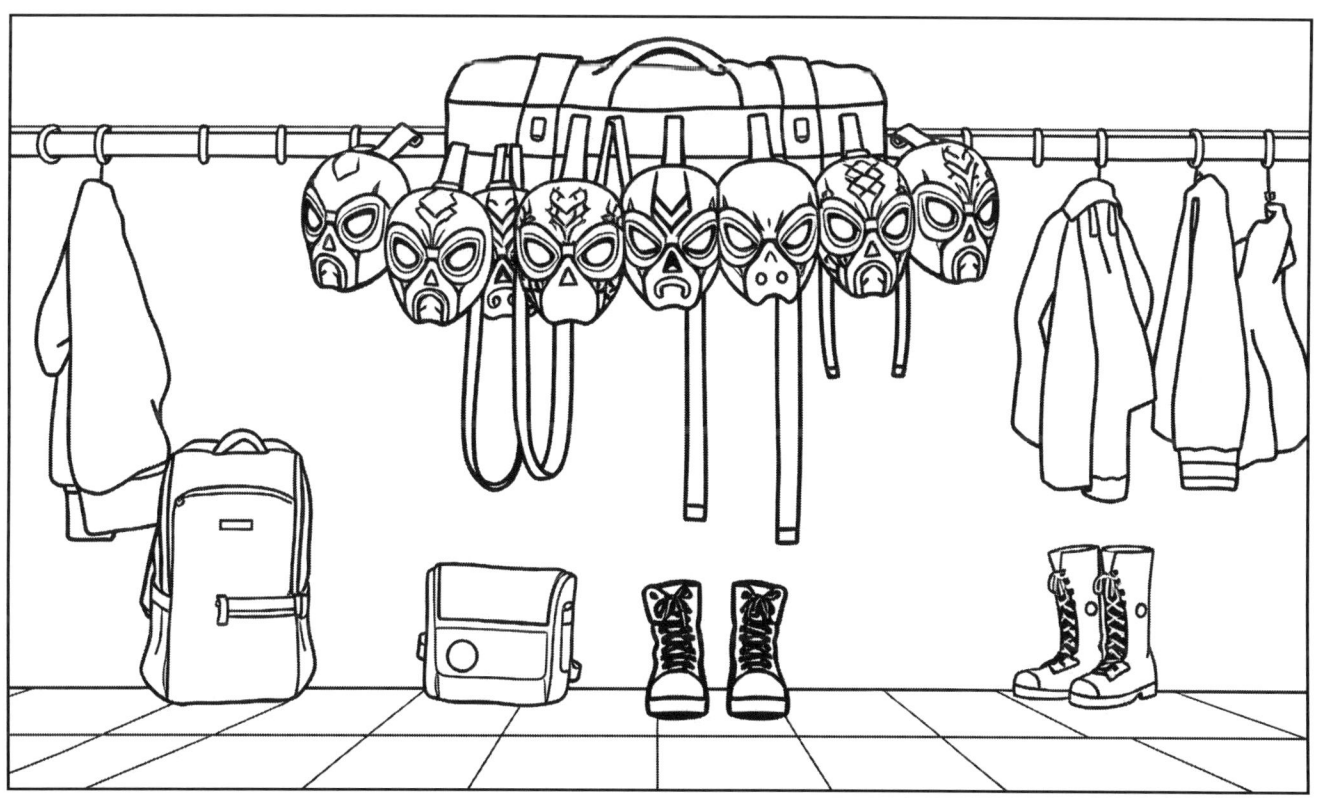

CROSSSWORD: WRESTLING TERMS
WORDS ASSOCIATED WITH WRESTLING!

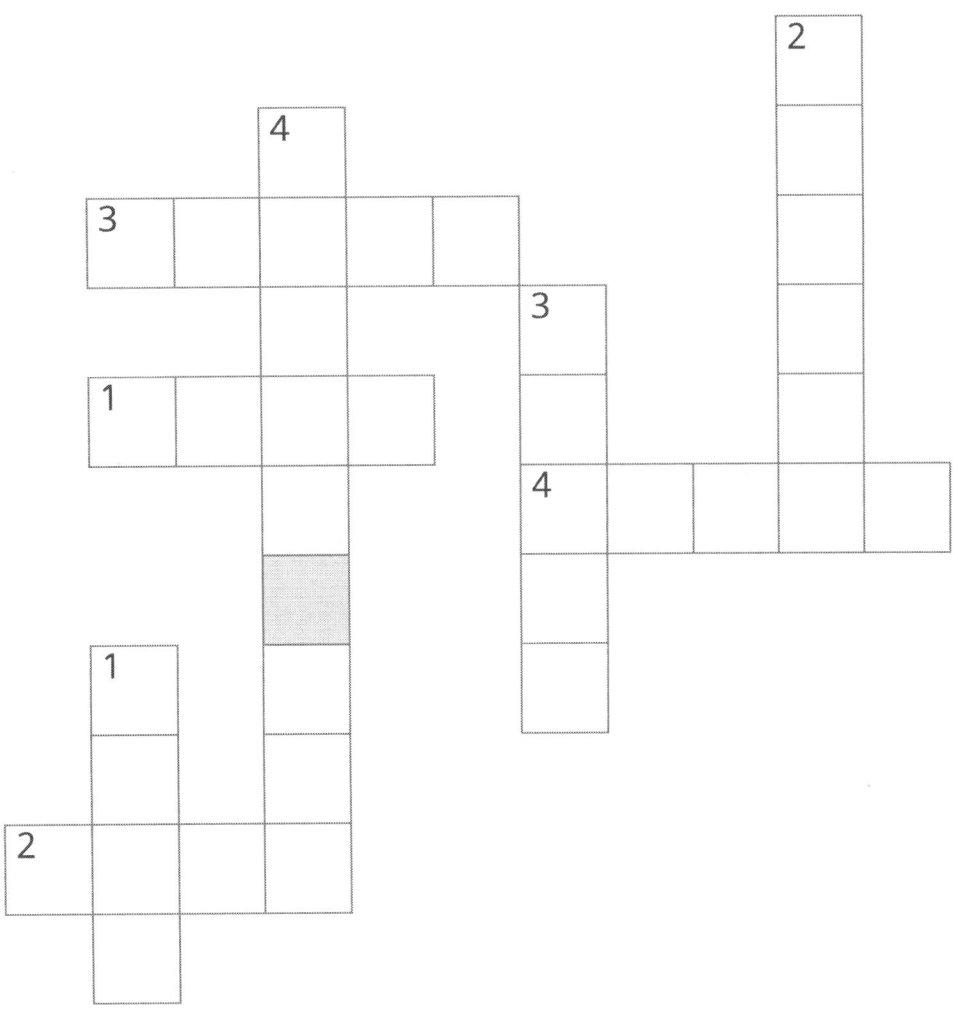

Across:
1. Where the action happens
2. What champions wear
3. When something is real
4. Wrestlers tend to run against these

Down:
1. A bad guy
2. A group of wrestlers
3. A pinfall count to win
4. This could happen outside the ring

DESIGN A MASK

NAME: ....

WORDSEARCH: STRIKES

FIND THE VARIOUS WRESTLING STRIKES BELOW

```
C Q A Y U E E T P O H C J G T H G J
I A D R A Z I W G N I N I H S D N A
Z X D U T V M Y L X R R K H U Z F H
V M T S K Q L U T D W R H W R Q W R
N C V R R M D V S I T K K T H C A L
K Z L K X O P H W M V C A H T L A E
S B D O W Z V Y R G I I Z M T F R V
L T R S T D A U Y Z R K H F A G D C
Q E L M U H F T J A Z P U B O P Q T
M X T K Y P E R L K A O G I R R W I
D I N M P D E S E F C R A K H M I C
Q E C T Y F F R L V K D I U T K C H
C G A B Z B K E K I R T S E E N K C
B E H S E W C F C I N S T Z I W R V
H B C A M Q N F V C E L M Q T C F
W R Q G M I I S P I N K I C K C J I
H U G J T Z X I E K S Z N G I Q J H
D Y P K L E H F O I U U B F S F J N
```

CLOTHESLINE
LARIAT
DROPKICK

SUPERKICK
SHINING WIZARD
KNEE STRIKE

CHOP
THROAT THRUST
SPIN KICK

32

MAZE #5

START AT THE ARROW AND FIND YOUR WAY THROUGH TO THE OTHER SIDE

CREATE A WRESTLER

NAME: ....

POWER ☆ ☆ ☆ ☆ ☆   **HIGH FLYING** ☆ ☆ ☆ ☆ ☆

TECHNIQUE ☆ ☆ ☆ ☆ ☆   **CHARISMA** ☆ ☆ ☆ ☆ ☆

WORD SCRAMBLE: EVENTS

UNSCRAMBLE THE LETTERS TO REVEAL THE WRESTLING EVENTS AND SHOWS

LWRISAETEANM   W..

RKAOETEV   T..

NNG AHESD TTOIN   O.......... N............. S.................

NSAWKDOMC   S..

USIEOSVRVRIRE S   S.................. S....................

AUMR ELOYBLR   R.................. ....

ONEOIRVTLU   RE...

ETMAYNID   D..

SMMELARSMU   ....

FG RNKEO NTGIHI   K........... ....

35

DESIGN A TITLE

DESIGN A WRESTLING CHAMPIONSHIP BELT AND COLOR IT IN

TITLE NAME: ....

WHAT MAKES IT UNIQUE?

....

....

....

SEARCH AND FIND #2
FIND AND CIRCLE THE WRESTLING TROPHY

SPOT THE DIFFERENCE

1 2 3 4 5 6 7 8

WORD SCRAMBLE: LEGENDS

UNSCRAMBLE THE LETTERS TO REVEAL THESE ALL TIME WRESTLING LEGENDS

OAHKGU NLH   H................ ....

AS LLTHCOT   S................ H............................

HERTRNDATKUEE   T............ ....

RDOEGBGL   G..

HR ITDANGAETNE   A................ T......... G...................

EASGDNY RAVA   R................ S............................

SUTASRRTIT HS   T................ S............................

TABRRTEH   B................ ....

NNEHACOJ   ....

RYTIRYEESMO   R................ ....

CROSSWORD: WRESTLING LEGENDS
THE LAST NAMES OF THESE FAMOUS WRESTLING LEGENDS

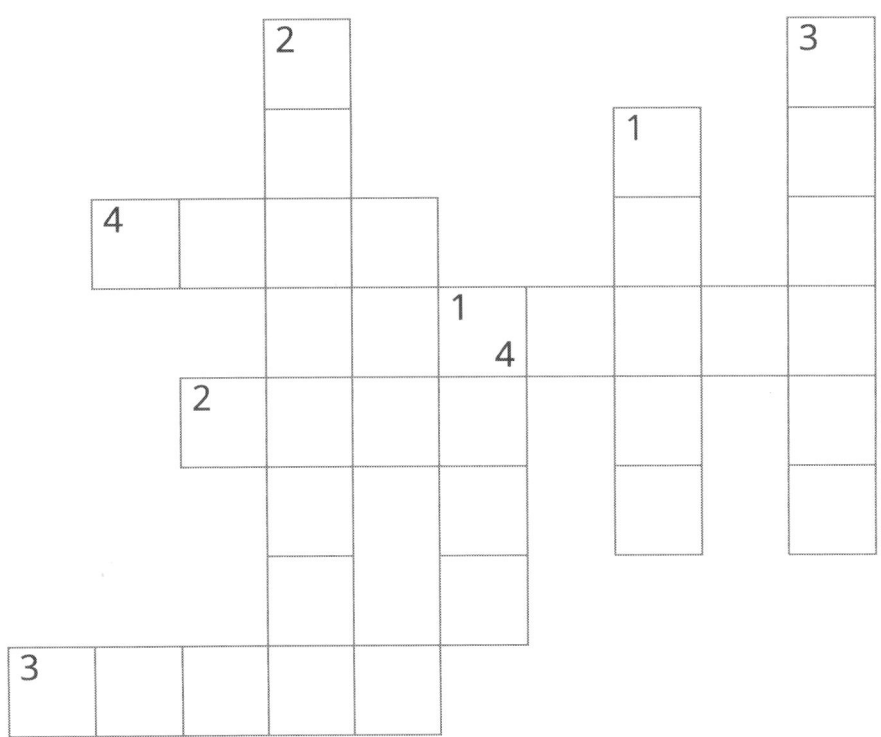

Across:
1. A real american
2. You can't see him
3. He might hit an RKO out of nowhere
4. Tallest member of the original nWo

Down:
1. Olympic gold medalist
2. Top cruiserweight in WCW and WWE
3. Suplex City
4. The best there is, was, and ever will be

YOUR ULTIMATE: CATCHPHRASES

IF YOU SMELL... WHAT THIS WRESTLING FAN... IS COOKING!

1 ....

REASON: ....

....

2 ....

REASON: ....

....

3 ....

REASON: ....

....

RUNNERS UP:

1. ....
2. ....
3. ....

WORDSEARCH: SUPLEXES

THERE ARE LOTS OF DIFFERENT SUPLEXES. CAN YOU FIND THE ONES BELOW?

```
O C G W U E O T I L N L I B Z Y A K I
P N K M W B Z B Y O S S S Q N H G L V
V V S J Y E T X X Z A N B H C G P L G
S T H G I L N R E H T R O N Q Q R L N
U O N D C L U B F K C D E V I F U W N
P R I V I Y V I N A M R E H S I F T L
E I M M C T I F O T W V U C L B U X R
R G C F F O C P I T P J L I P N L Q I
P L L V H B L M U H X G A F A K D Q S
L D D T X E A G N V V V Y M I W Z S Q
E C Z K A L E C D K D Q R A X T J N T
X W K Y N L A J K F V E A Q N P Q H R
T X I O R Y Z C W T G J K O Z B D A O
K K Z Z B W C B I F T U G I P U A Q D
D H S F J E I M L T I A P I A E U D I
T U X U P J R U U R R Y X B B O S K D
K U E O L F T T C D T E U D D C C W O
L Z J E X D Q R P D W D V S Z T N C R
I W D F B M B D I R U G X A V F U O Y
```

GERMAN
BELLY TO BELLY
BACK

VERTICAL
GUTWRENCH
DRAGON

FISHERMAN
NORTHERN LIGHTS
SUPERPLEX

42

CREATE A WRESTLER

NAME: ....

POWER ☆ ☆ ☆ ☆ ☆   HIGH FLYING ☆ ☆ ☆ ☆ ☆

TECHNIQUE ☆ ☆ ☆ ☆ ☆   CHARISMA ☆ ☆ ☆ ☆ ☆

MAZE #6

START AT THE ARROW AND FIND YOUR WAY THROUGH TO THE OTHER SIDE

44

WORD SCRAMBLE: MALE SUPERSTARS
UNSCRAMBLE THE LETTERS TO REVEAL CURRENT MALE WRESTLERS

DNRRNYTOOA   R.................... ....

KNCUMP   ....

RENIMTASP DIA   D.................... P..........................

RDEENT IRYWCM   D............... M..............................

JUIYMOSM   ....

SVENE WNOKI   K.................... ....

OHCODRD YES   ....

OANL FBNIR   ....

NTGHREU   ....

GAIHTLN K   L............ ....

45

DESIGN A MASK

NAME: ....

SEARCH AND FIND #3
FIND AND CIRCLE THE THUMBS UP

SPOT THE DIFFERENCE

DRAW YOUR OWN WRESTLER

NAME: ....

POWER ☆ ☆ ☆ ☆ ☆   HIGH FLYING ☆ ☆ ☆ ☆ ☆

TECHNIQUE ☆ ☆ ☆ ☆ ☆   CHARISMA ☆ ☆ ☆ ☆ ☆

CROSSWORD: GEAR

SOLVE THE CLUES FOR THESE ITEMS OF WRESTLING GEAR

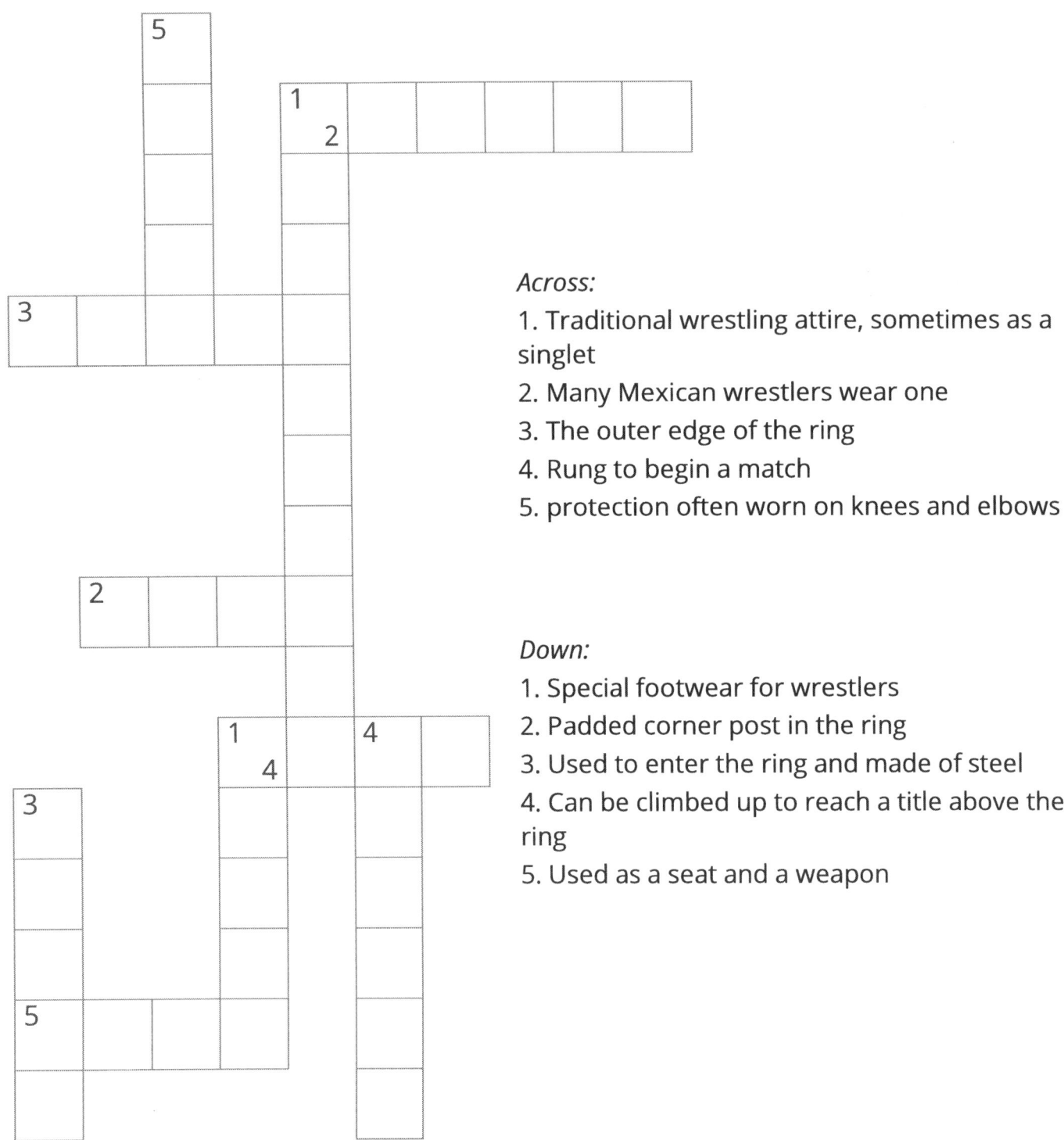

Across:
1. Traditional wrestling attire, sometimes as a singlet
2. Many Mexican wrestlers wear one
3. The outer edge of the ring
4. Rung to begin a match
5. protection often worn on knees and elbows

Down:
1. Special footwear for wrestlers
2. Padded corner post in the ring
3. Used to enter the ring and made of steel
4. Can be climbed up to reach a title above the ring
5. Used as a seat and a weapon

WORD SCRAMBLE: FEMALE SUPERSTARS

UNSCRAMBLE THE LETTERS TO REVEAL CURRENT FEMALE WRESTLERS

SLSILAAXBE — A.................... ....

RCFALRIE TAOTHL — C.................... F....................

UAIGLI — G....................

D JLECALAIRG — J.................... C....................

MNIVRALGO — L.................... M....................

MAALRCEL — C....................

AERLSHGE ECEN — C.................... G....................

OY YISK — I.................... S....................

KAAEIRSIN — K.................... S....................

NAMOI — ....

WORDSEARCH: TERMS

WRESTLING INCLUDES WEIRD AND WONDERFUL TERMS. FIND THE ONES BELOW.

```
T O Y I R V K P W B C S M U X P
Q B V N R T F F P N C A Z D A R
O S V J I Y F F P T O E Z Y R X
L S E B A F Y A K I H I H I O V
Y X W L T O G C U H N H C W Q W
P M C F Y Q W E E L V F T B A Q
T E E H S T R I D K Z V A G R M
U Y C V A E S M E Z G Z M L T A
X G D K P M U G A V W C H T L J
B I P Q L F P X N J V W S X I C
X M F Z G T Z I D O V K A T M F
N M H B N P X U O X R D U Z A Q
Q I S R X F C L P N C T Q Q N K
E C V I L S M B C A S G S Y I P
Z K L E E H J V I U N A L T C Y
B O S Y V R I L X L O X Q G C R
```

STRONG STYLE   FACE   GIMMICK
CHAMPION   HEEL   KAYFABE
SQUASH MATCH   DIRT SHEET   PINFALL

52

MAZE #7

START AT THE ARROW AND FIND YOUR WAY THROUGH TO THE OTHER SIDE

CAN YOU LIST: FINISHING MOVES

LIST 10 WRESTLING MOVES THAT ARE OFTEN USED TO FINISH THE MATCH

1. ....
2. ....
3. ....
4. ....
5. ....
6. ....
7. ....
8. ....
9. ....
10. ....

CREATE A WRESTLER

NAME: ....

POWER ☆ ☆ ☆ ☆ ☆   HIGH FLYING ☆ ☆ ☆ ☆ ☆

TECHNIQUE ☆ ☆ ☆ ☆ ☆   CHARISMA ☆ ☆ ☆ ☆ ☆

WORD SCRAMBLE: MANAGERS

UNSCRAMBLE THE LETTERS TO REVEAL THE BEST MANAGERS OF ALL TIME

YLUMPHNE AA   P................... H........................

TN LDGOYED   T........................ L......................

SNNUY   ....

SERHIR   S..

PVM   ....

RMYMTIH JA   J..................... H......................

BYEBEAHNNOB   B..................... H......................

N TECMETIROJ   J................. C............................

RAAPAE CEMD   A.................... P........................

SLDALONIC   D............. C................................

SPOT THE DIFFERENCE

| 1 | 2 | 3 | 4 | 5 | 6 | 7 | 8 |

DESIGN A TITLE

DESIGN A WRESTLING CHAMPIONSHIP BELT AND COLOR IT IN

TITLE NAME: ....

WHAT MAKES IT UNIQUE?

....

....

....

YOUR ULTIMATE: THEME SONGS

WRESTLING THEME MUSIC IS AWESOME! WRITE DOWN YOUR FAVORITES BELOW.

1 ....

REASON: ....

....

2 ....

REASON: ....

....

3 ....

REASON: ....

....

RUNNERS UP:

1. ....

2. ....

3. ....

CROSSWORD: WRESTLER NICKNAMES

Across:
1. Randy Savage
2. Bobby Heenan
3. Dwayne Johnson
4. Bret Hart
5. Triple H

Down:
1. Steve Austin
2. Jake Roberts
3. Sting
4. Rhea Ripley
5. Becky Lynch

DESIGN YOUR SHIRT

DESIGN AND COLOR ANOTHER T-SHIRT FOR A WRESTLER

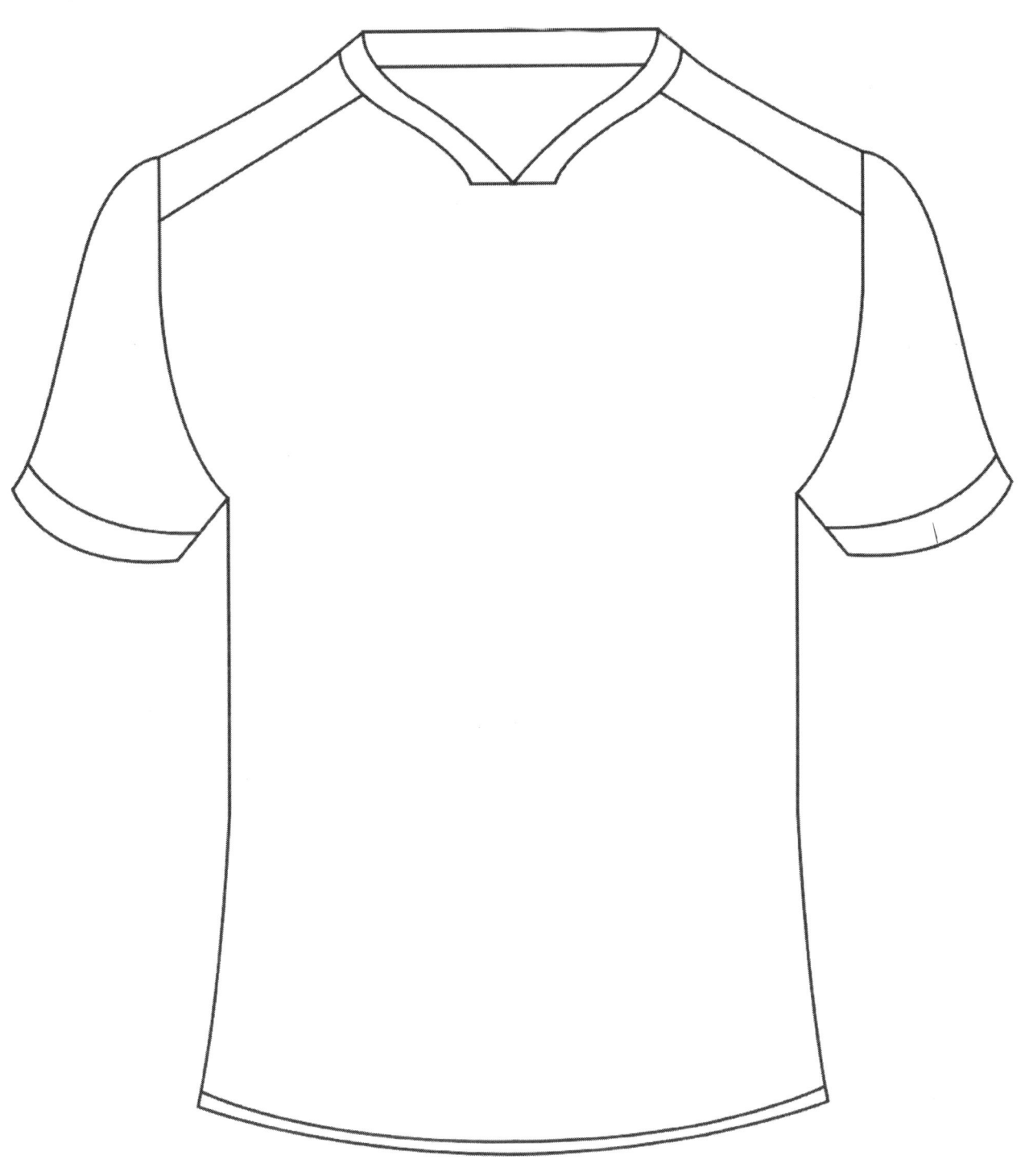

MAZE #8

START AT THE ARROW AND FIND YOUR WAY THROUGH TO THE OTHER SIDE

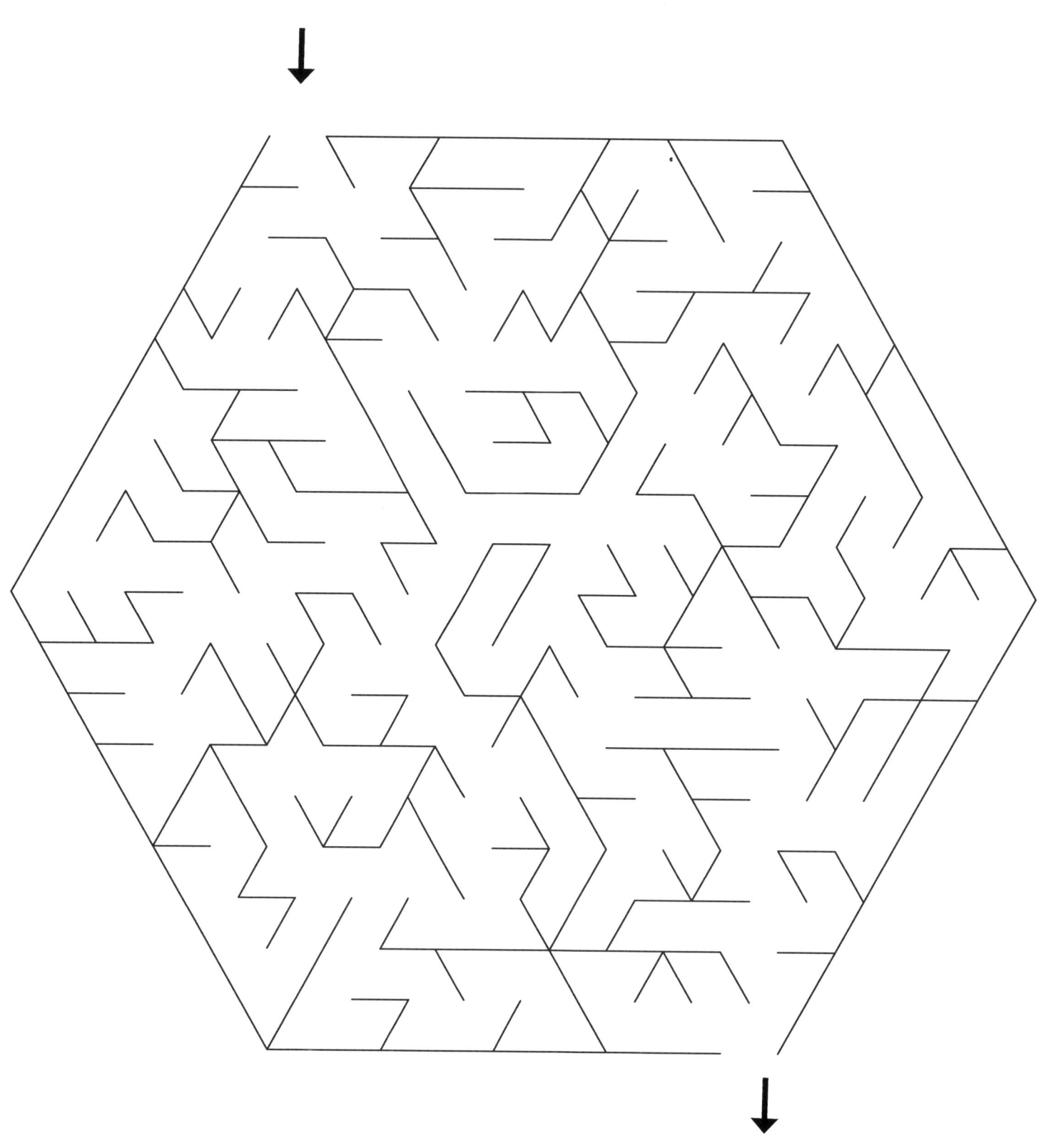

WORDSEARCH: WRESTLING ICONS

THERE HAVE BEEN LOTS OF ICONS OVER THE YEARS, FIND SOME OF THEM BELOW.

```
I X Z P D C K Y D M Q R D V A H G K
X G S G U N D E R T A K E R R D I O
I S T V N W K X O Q C F L H D U O B
M E I B P T H E R O C K A F H W U X
F R N A K Q Y W O J X Y Q R S E G W
S H G O B Q S N X V N K S O L W K O
A U C P T S L I J E I W E S V O X T
S Z Q S E D O H R Y T S U D Q U R O
W I K H W W U S E Y S A G Z L V O J
P C F S L P N P K T U N V D I T D B
I S H A W N M I C H A E L S F Z D O
A G J X A F K I F G E W U G P E Y U
F G G L B T L Q O Q V Y M G S Z P H
C M Y E R A Y H H P E G W F T R I X
G V F O K T K H J O T W V I K Y P G
H Y F C R L L M G R S Q P D D R E Q
O M V H U T X E P K T R A H T E R B
N I U H W O I V W S O A X H X N A N
```

STING
THE ROCK
UNDERTAKER

HULK HOGAN
BRET HART
STEVE AUSTIN

RODDY PIPER
DUSTY RHODES
SHAWN MICHAELS

CREATE A WRESTLER

NAME: ....

POWER ☆ ☆ ☆ ☆ ☆   HIGH FLYING ☆ ☆ ☆ ☆ ☆

TECHNIQUE ☆ ☆ ☆ ☆ ☆   CHARISMA ☆ ☆ ☆ ☆ ☆

SPOT THE DIFFERENCE

WORD SCRAMBLE: TITLE BELTS

UNSCRAMBLE THE LETTERS TO REVEAL THE CHAMPIONSHIP TITLE BELTS

HWYTOLVARHEWIGDE   W................ H.............................

TTETSA DSINEU   U....................... ....

OANNLATINRIET   I..

EAA MTTG   ....

IDTSEPDUNU   U..

MNEWSO   ....

HERADORC   H..

RLENOENITANTNTIC   I..

OSRIT   T..

EHGWERIUISRCT   C..

66

DESIGN A MASK

NAME: ....

CREATE A WRESTLER: BACKSTORY

COME UP WITH A FUN BACKSTORY FOR A WRESTLER.

NAME: ....

AGE: .... **HOMETOWN:** ....

FINISHING MOVE: ....

BACKSTORY: ....

....

....

....

....

....

....

....

....

....

....

WORD SCRAMBLE: WEAPONS

BELOW ARE WEAPONS THAT MIGHT BE USED IN A WRESTLING MATCH

LTH ECERSIA   S.................... ....

DAEDLR   ....

CNOTIDKESK   K.................... S........................

IRUAGT   ....

CIHAN   ....

ALTBE   ....

LRIGBENL   R.................... ....

STC NHRAA   T.................... C........................

TCSBHMKUTA   T..

HOVSEL   ....

CROSSWORD: CHAMPIONSHIPS

SOLVE THE CLUES FOR THESE WRESTLING CHAMPIONSHIPS OR TITLES

Across:
1. Traditionally the top title
2. Titles for a duo
3. A modern world title in the WWE
4. Three person team titles are often called this
5. This title can be defended any time! It's called the twenty-four...

Down:
1. Championship where people can use weapons
2. What does the I stand for in the IC title?
3. Award show similar to the Grammys
4. If you won money in the bank, you'd get one of these

CREATE A TAG TEAM

NAME: ....

POWER ☆ ☆ ☆ ☆ ☆   HIGH FLYING ☆ ☆ ☆ ☆ ☆

TECHNIQUE ☆ ☆ ☆ ☆ ☆   CHARISMA ☆ ☆ ☆ ☆ ☆

YOUR ULTIMATE: DREAM MATCHES

CREATE YOUR OWN DREAM MATCHES BELOW BETWEEN ANY WRESTLERS!

1 ....

REASON: ....

....

2 ....

REASON: ....

....

3 ....

REASON: ....

....

RUNNERS UP:

1. ....

2. ....

3. ....

WORDSEARCH: FINISHING MOVES

FINISHERS TEND TO END A MATCH. FIND SOME WELL KNOWN ONES BELOW.

```
K N E S T L R Z O K I K A J Y S
H W U D R A B C D J W R J M V S
C Y Y E K T U E M H R S X E X F
M A L S E L G N A K P B B M D Z
P D F H T H F O W P U M T A Y E
S J B P B Y B X G W O O U T Q Z
T F N E E K L E N T W B F Q A E
U L A E Y D D E T J M N T C K O
N Q S L H A I O S F F O B N Q H
N M V S R D B G G C Z T Z C I S
E T H O W K W C R D L N R G T E
R L L T C B E G K E T A B E Y Y
I F T O M B S T O N E W S A C X
T U R G S Q S Z I P A S C H M D
K Y W A K J B C S H A K S K W J
A I I U X Z F S D R Y B B X W X
```

PEDIGREE
ROCK BOTTOM
STUNNER

TOMBSTONE
STYLES CLASH
GO TO SLEEP

SPEAR
SWANTON BOMB
ANGLE SLAM

73

DESIGN A TITLE

DESIGN A WRESTLING CHAMPIONSHIP BELT AND COLOR IT IN

TITLE NAME: ....

WHAT MAKES IT UNIQUE?

....

....

....

MAZE #9

START AT THE ARROW AND FIND YOUR WAY THROUGH TO THE OTHER SIDE

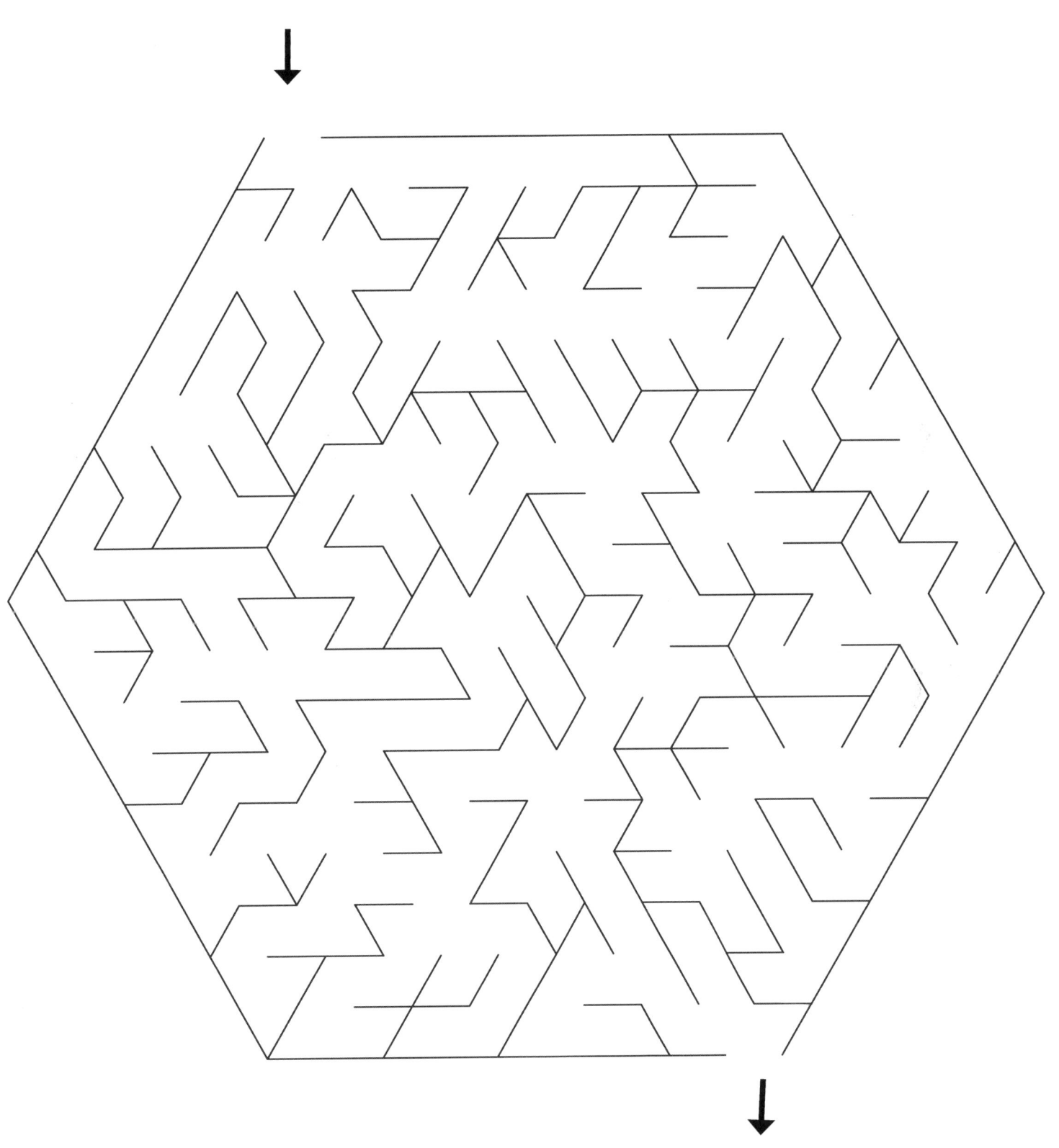

SPOT THE DIFFERENCE

SEARCH AND FIND #4
FIND AND CIRCLE THE WRESTLING THROW

CREATE A WRESTLER

NAME: ....

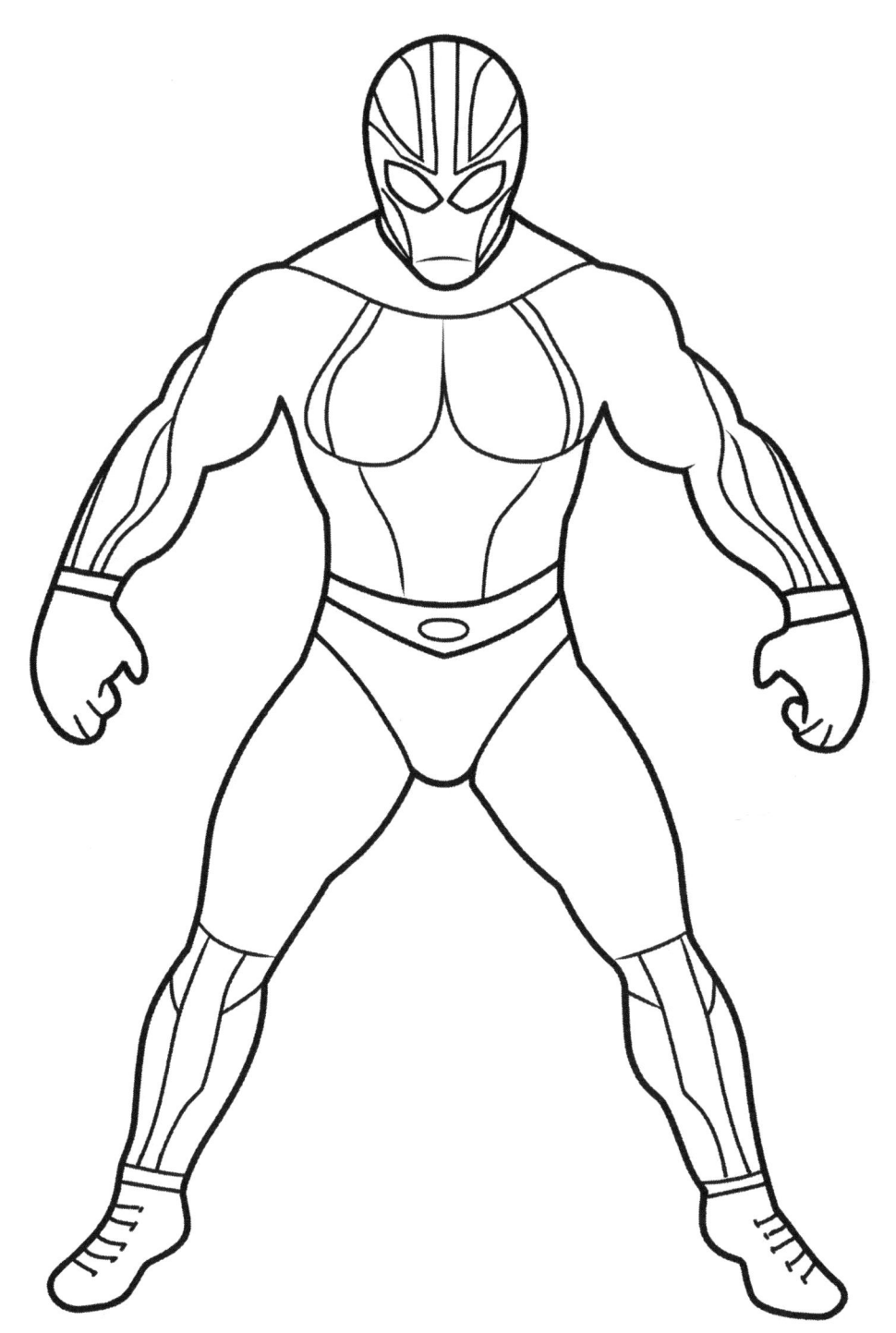

POWER ☆ ☆ ☆ ☆ ☆ **HIGH FLYING** ☆ ☆ ☆ ☆ ☆

TECHNIQUE ☆ ☆ ☆ ☆ ☆ **CHARISMA** ☆ ☆ ☆ ☆ ☆

WORD SCRAMBLE: FACTIONS

BELOW ARE FAMOUS FACTIONS / STABLES FROM THE WORLD OF WRESTLING

WL DONDEO RWERR   N............ ....

OATATRN HDFUOIN   H................ F.............................

TVEOIOLNU   E.......................................

HUETATT RHOYI   T............. A...............................

EOIT BDHLLENO   T............. B...............................

NGE DAN ETXROI   ...-G.............................. ....

LBLUCLEUBT   B...................... C...................

JUDGN MTEYDA   J............................... D............

ITHETLEE   .... E................................

MNHFOUERS REO   F................ H..............................

CROSSWORD: MATCH TYPES
SOLVE THE CLUES FOR THESE TYPES OF WRESTLING MATCHES

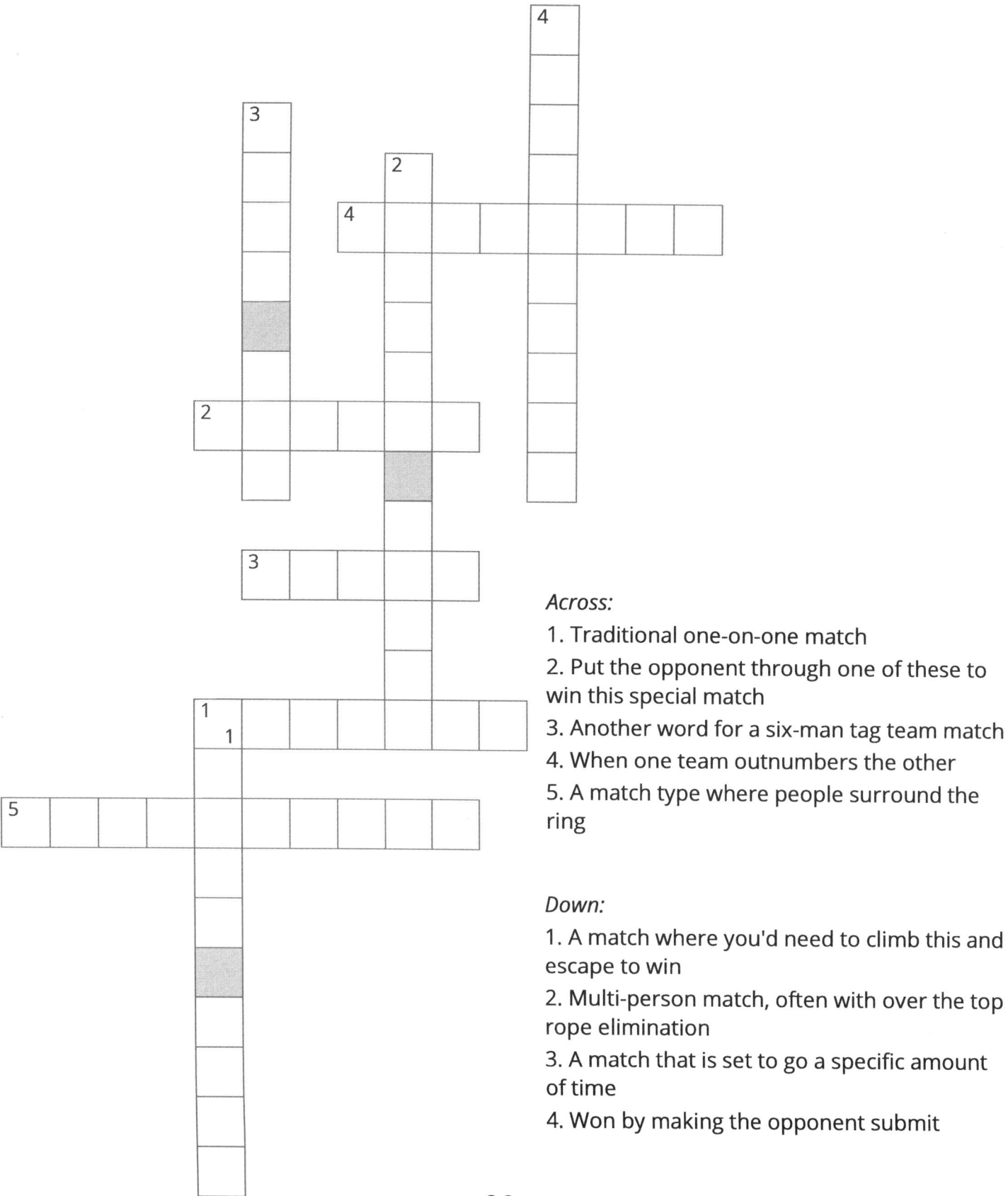

Across:
1. Traditional one-on-one match
2. Put the opponent through one of these to win this special match
3. Another word for a six-man tag team match
4. When one team outnumbers the other
5. A match type where people surround the ring

Down:
1. A match where you'd need to climb this and escape to win
2. Multi-person match, often with over the top rope elimination
3. A match that is set to go a specific amount of time
4. Won by making the opponent submit

CAN YOU LIST: CHAMPIONS

LIST 10 WRESTLERS WHO HAVE WON THE WORLD TITLE!

1. ....

2. ....

3. ....

4. ....

5. ....

6. ....

7. ....

8. ....

9. ....

10. ....

DESIGN A MASK

NAME: ....

MAZE #10

START AT THE ARROW AND FIND YOUR WAY THROUGH TO THE OTHER SIDE

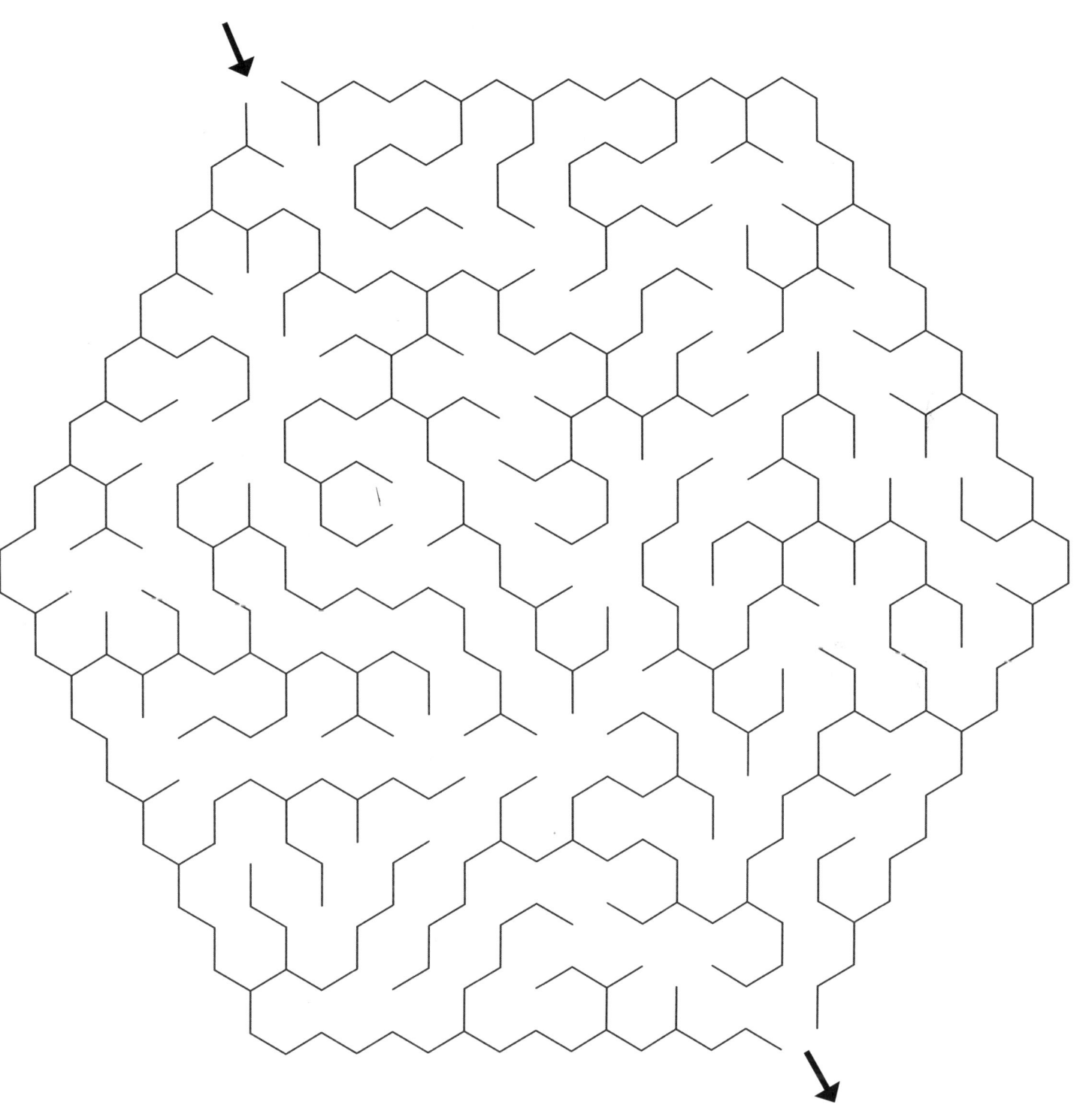

WORDSEARCH: MALE SUPERSTARS

SOME OF THE TOP MALE WRESTLERS ARE LISTED BELOW. CAN YOU FIND THEM?

A	G	X	I	Y	E	N	Z	N	X	G	S	G	V	C	Y
W	P	S	P	D	H	W	H	T	R	M	N	F	K	V	O
X	U	C	L	A	E	P	P	E	T	E	G	S	E	C	O
S	P	A	Z	Q	Y	K	H	O	D	O	I	N	N	R	E
M	E	O	Z	U	R	T	U	X	O	Q	E	D	N	W	X
D	G	T	S	F	N	T	L	M	P	U	R	I	Y	D	R
Q	H	D	H	U	T	D	C	K	V	R	N	B	O	F	O
J	V	D	G	R	Y	H	C	H	O	H	A	I	M	B	R
N	I	T	P	T	O	E	J	L	E	D	M	K	E	E	W
X	X	A	A	M	P	L	J	C	K	G	O	B	G	M	X
Y	L	N	R	W	I	L	L	O	S	P	R	E	A	Y	Y
G	J	R	J	B	Q	D	S	I	S	D	Z	A	O	Y	V
L	O	F	K	X	W	C	S	G	N	B	G	O	W	D	O
A	C	O	D	Y	R	H	O	D	E	S	T	X	T	P	H
Z	I	I	S	G	V	U	M	U	S	G	R	H	E	L	D
F	K	N	U	P	M	C	O	V	C	V	F	D	L	B	S

CODY RHODES
KENNY OMEGA
JEY USO

GUNTHER
WILL OSPREAY
CM PUNK

ROMAN REIGNS
SETH ROLLINS
OMOS

SPOT THE DIFFERENCE

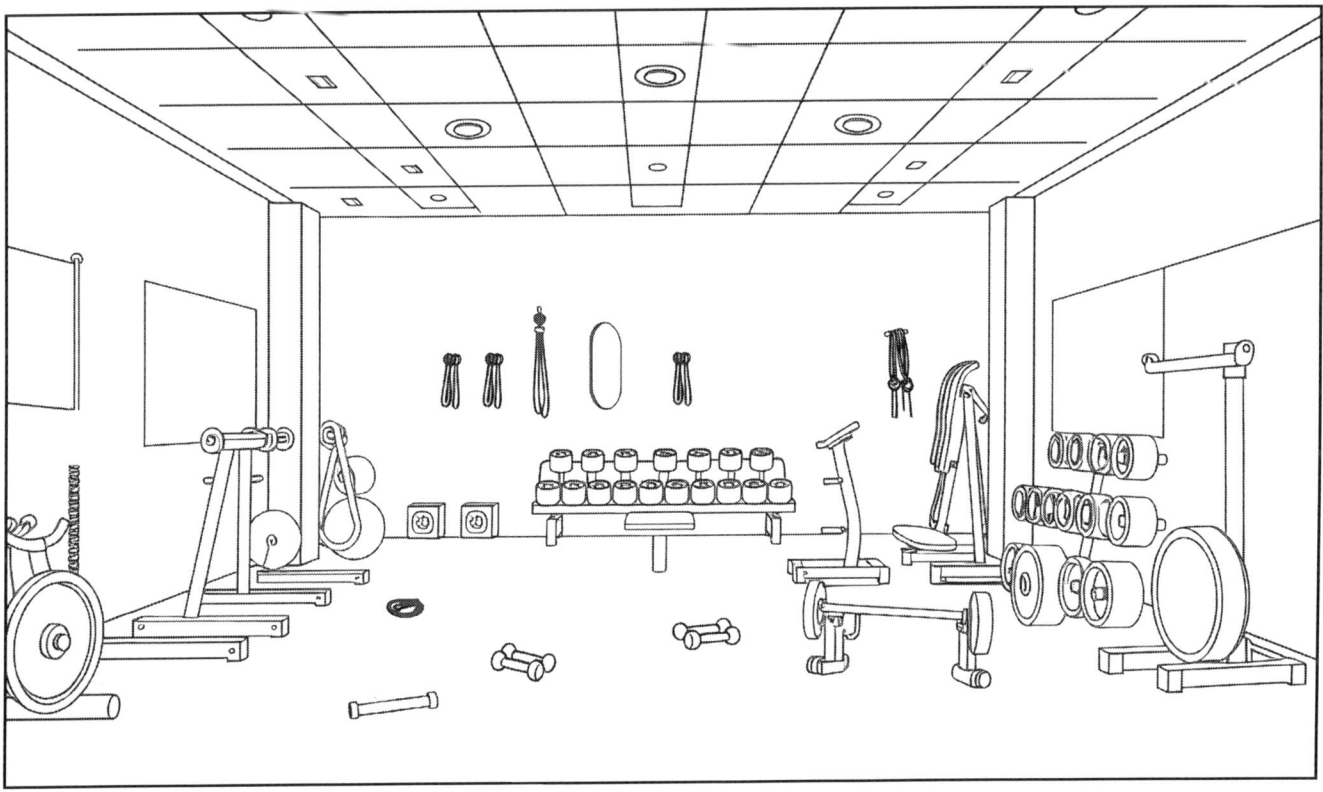

CREATE A WRESTLER

NAME: ....

POWER ☆☆☆☆☆   HIGH FLYING ☆☆☆☆☆

TECHNIQUE ☆☆☆☆☆   CHARISMA ☆☆☆☆☆

YOUR ULTIMATE: NICKNAMES

SOME ARE AMAZING, SOME ARE WACKY! LIST YOUR FAVORITES BELOW.

1 ....

REASON: ....

....

2 ....

REASON: ....

....

3 ....

REASON: ....

....

RUNNERS UP:

1. ....

2. ....

3. ....

WORD SCRAMBLE: MALE WRESTLERS 2

UNSCRAMBLE THE LETTERS TO REVEAL MORE CURRENT MALE WRESTLERS

IFNOOINGKKTS   K................... K...................

JMF   ....

IRSEGRN ONMA   R.................. ....

OECCHIRT   R...................

DAERWIOVOX S   X................... W...................

YWPOLSEIRLA   W............. O...................

TMHZEI   T................. ....

I SNZAMYA   S................... Z...................

IHLELSOTS RN   S............... R...................

ECH JOSIRRIHC   C................ J...................

MAZE #11

START AT THE ARROW AND FIND YOUR WAY THROUGH TO THE OTHER SIDE

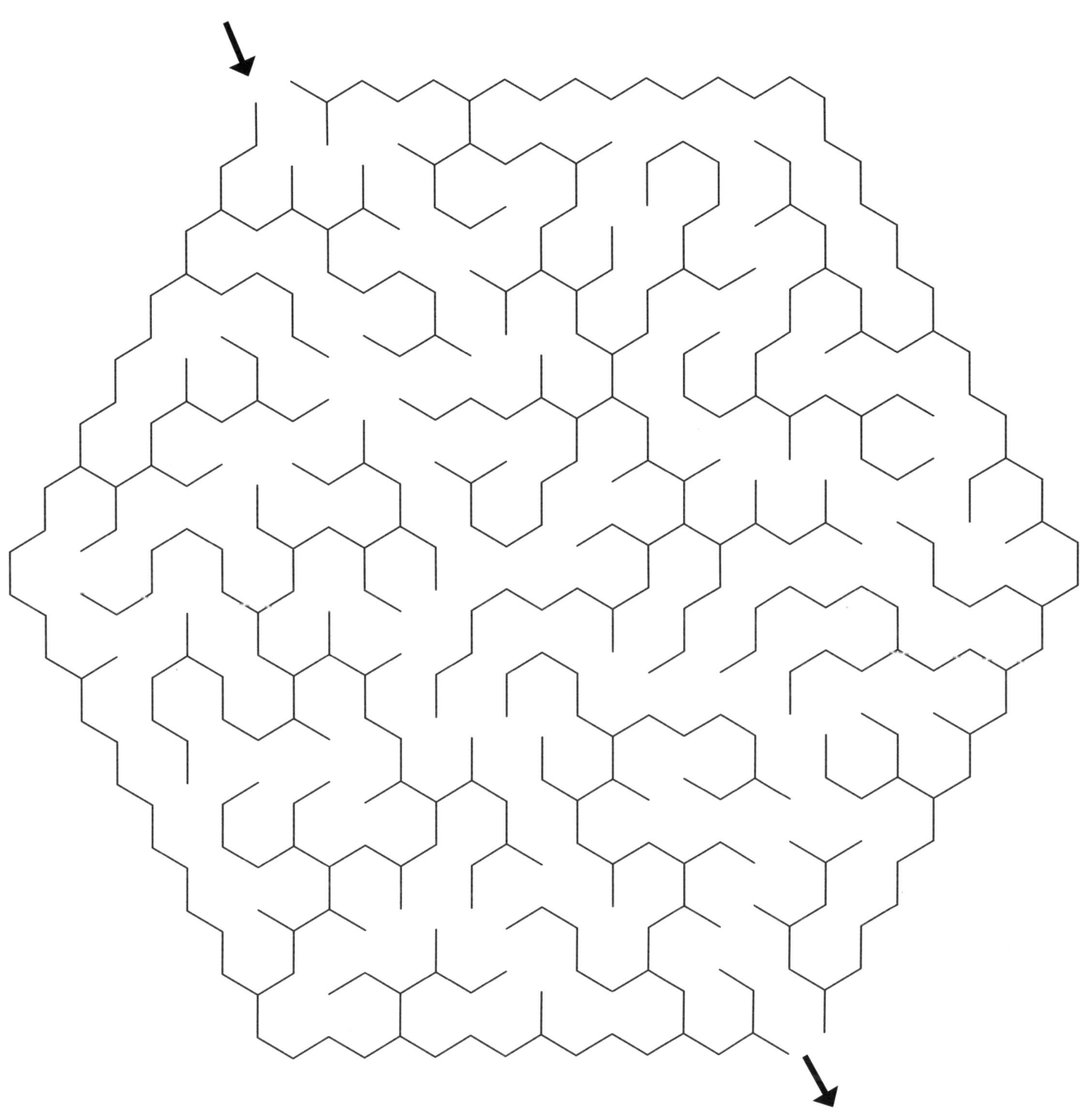

CROSSWORD: TEAMS

SOLVE THE CLUES FOR THESE FAMOUS TAG TEAMS & FACTIONS

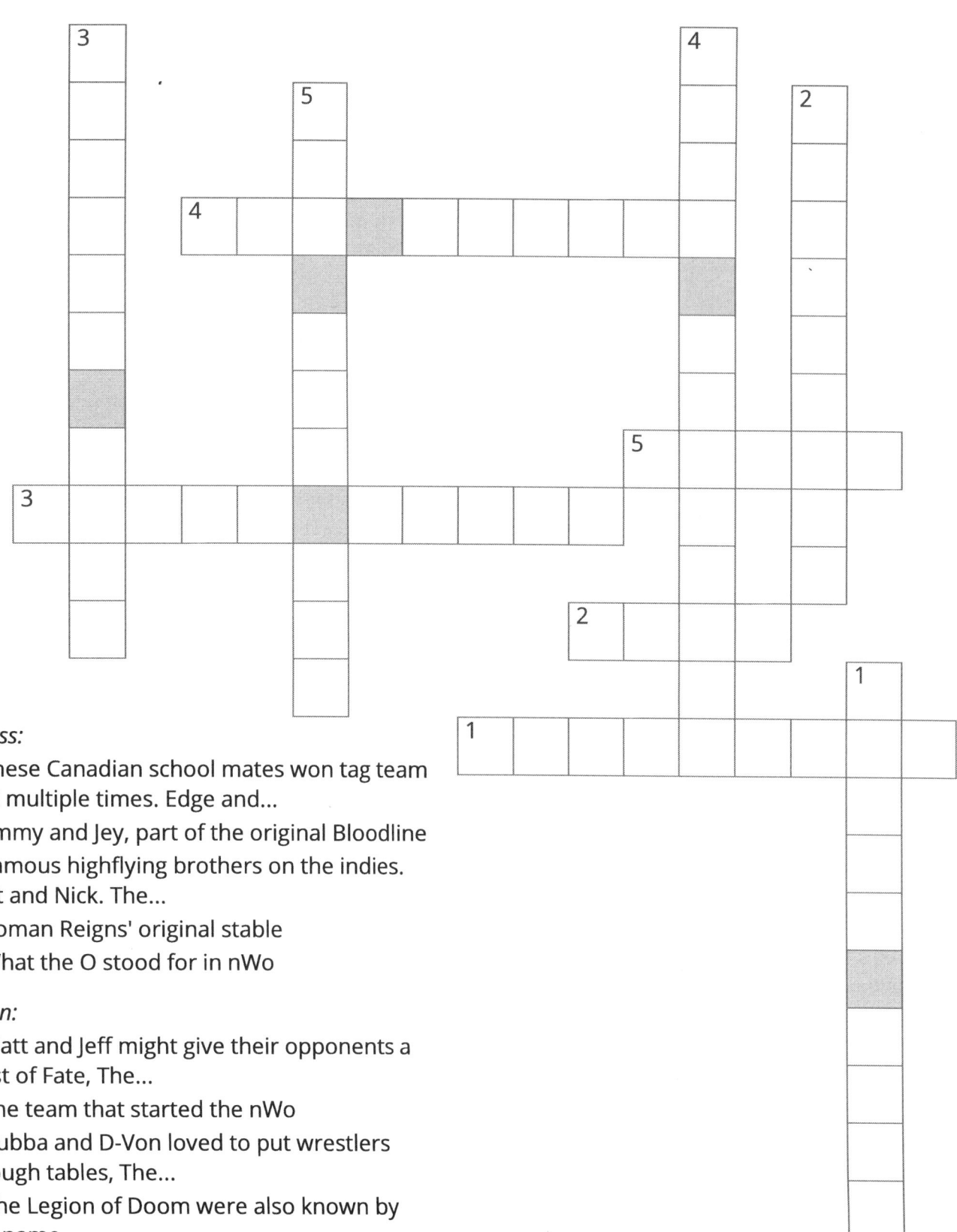

Across:
1. These Canadian school mates won tag team gold multiple times. Edge and...
2. Jimmy and Jey, part of the original Bloodline
3. Famous highflying brothers on the indies. Matt and Nick. The...
4. Roman Reigns' original stable
5. What the O stood for in nWo

Down:
1. Matt and Jeff might give their opponents a Twist of Fate, The...
2. The team that started the nWo
3. Bubba and D-Von loved to put wrestlers through tables, The...
4. The Legion of Doom were also known by this name
5. Kofi Kingston and Xavier Woods (and sometimes a trumpet)

DRAW YOUR OWN WRESTLER 2

NAME: ....

POWER ☆ ☆ ☆ ☆ ☆   HIGH FLYING ☆ ☆ ☆ ☆ ☆

TECHNIQUE ☆ ☆ ☆ ☆ ☆   CHARISMA ☆ ☆ ☆ ☆ ☆

DESIGN A TITLE

DESIGN A WRESTLING CHAMPIONSHIP BELT AND COLOR IT IN

TITLE NAME: ....

WHAT MAKES IT UNIQUE?

....

....

....

WORDSEARCH: FEMALE SUPERSTARS

CAN YOU FIND SOME OF THE TOP FEMALE WRESTLERS IN THE WORLD?

```
Q X X W J W H D K O A F M Q O U V Z J
N W H D U C N A G R O M V I L A D R Y
T W P K B F T B R M K E H E Q F H B Z
Y B F Y A M H A I R A M C T H X R F C
Q T U R C T H Q Q O W M H U J I X H K
B D K S U U P T D T B I P V A X H O H
O C M H J A L M E S C R A L J L C C U
S O V H X H N Q O I P H F N I P B R H
E X H K Q F Q E W N N E I P N F M A T
J Y J D D A E Z H O T A D B T G W Q K
B T Y T R N W V A T J R F U K D Y D Z
K S K X E I X Y O A A I K K D X S Y R
E S R B B X O L X U Y P D Q B T Y R N
O C N V O B R H Y G Q L R B T N J R U
Z Q B K B A A J C T G E M A D B A T C
Q J Q X H H B C N Y L Y K C E B B
U B N C I Z P K F L W J T L E R F H C
B X Q B Q O F N S N X V X E A O I Z B
D A Y N T Z C N X Q Q Q J Y R J I Z T
```

CHARLOTTE FLAIR BECKY LYNCH BAYLEY
LIV MORGAN NIA JAX ATHENA
RHEA RIPLEY TONI STORM MARIAH MAY

WORD SCRAMBLE: FEMALE WRESTLERS 2

UNSCRAMBLE THE LETTERS TO REVEAL MORE FEMALE WRESTLERS

IJNAAX   N.................. ....

RY ALPIEHRE   R.................. R............................

LSHZEAARBSYAN   S.................. B............................

TRNANTTFA FSTIYO   T.................. S............................

AVGEA INELZ   Z.................. V............................

SKRSN ICIOK   N.................. C............................

YRSAAA   S..

TCBIAKSHOLZRET HA   SH.................. B............................

MONSTI TRO   T.................. S............................

EASOKYR TZ   Z.................. S............................

SEARCH AND FIND #5

FIND AND CIRCLE THE WRESTLER OF THE YEAR STAR AWARD

SPOT THE DIFFERENCE

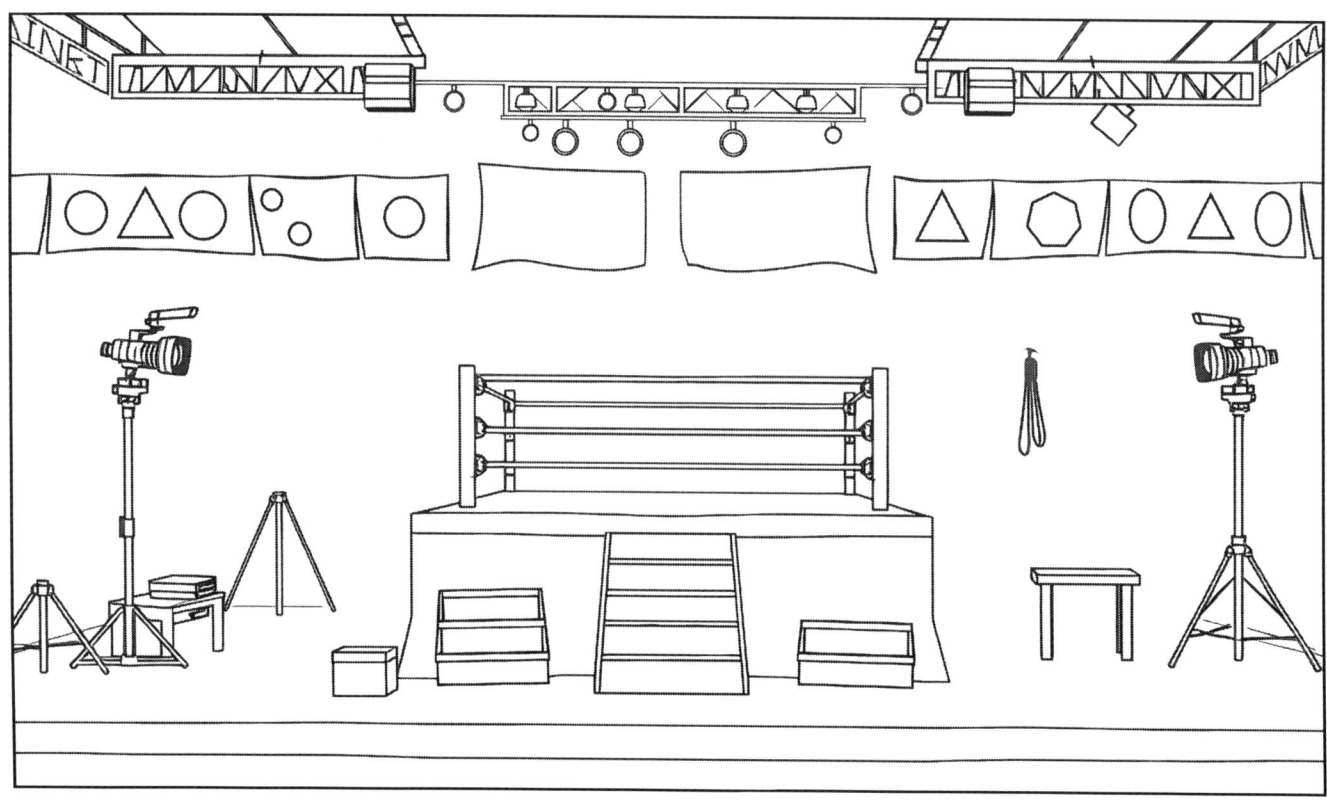

MAZE #12

START AT THE ARROW AND FIND YOUR WAY THROUGH TO THE OTHER SIDE

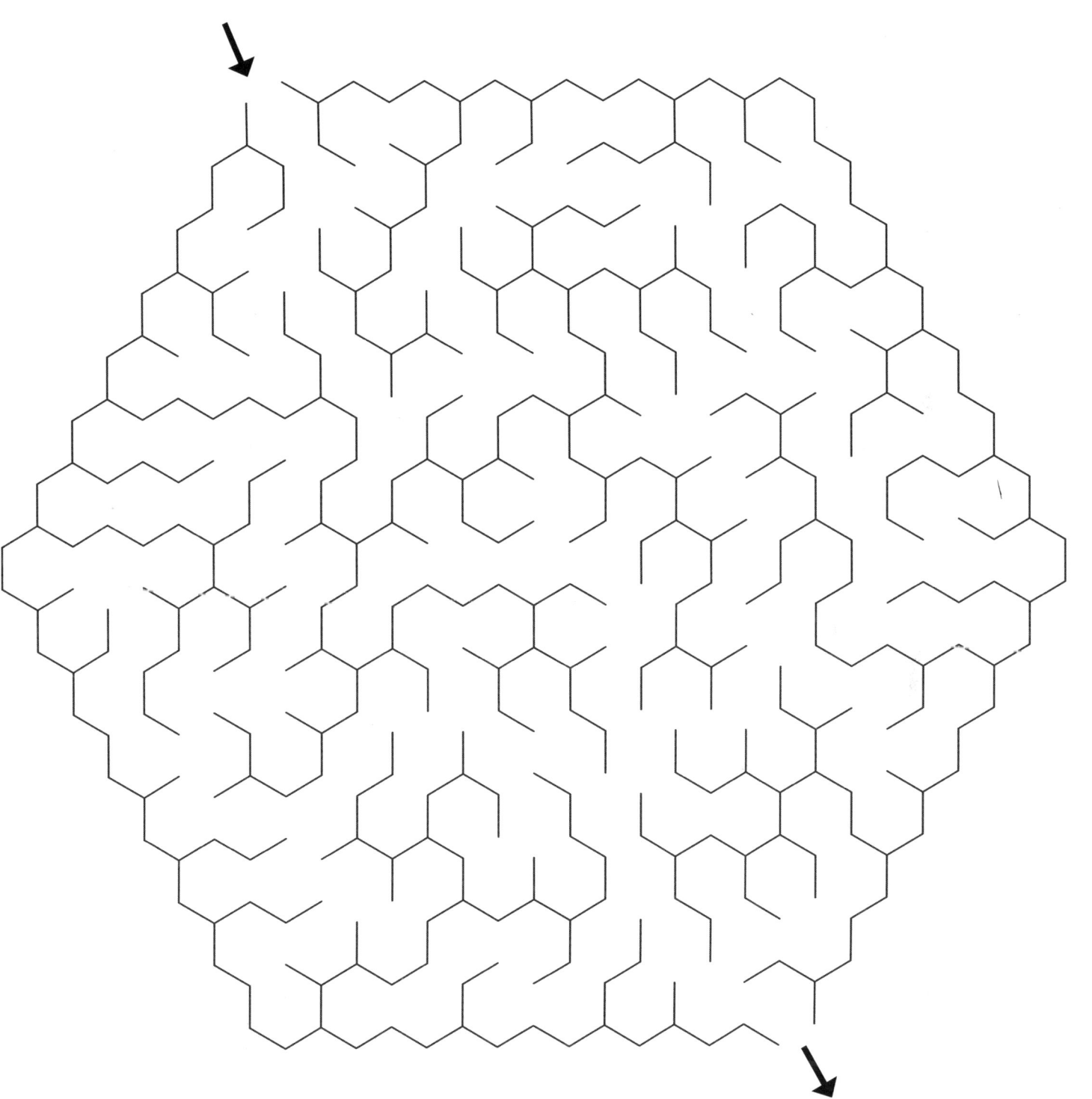

CROSSWORD: RULES

SOLVE THE WRESTLING RULES BELOW

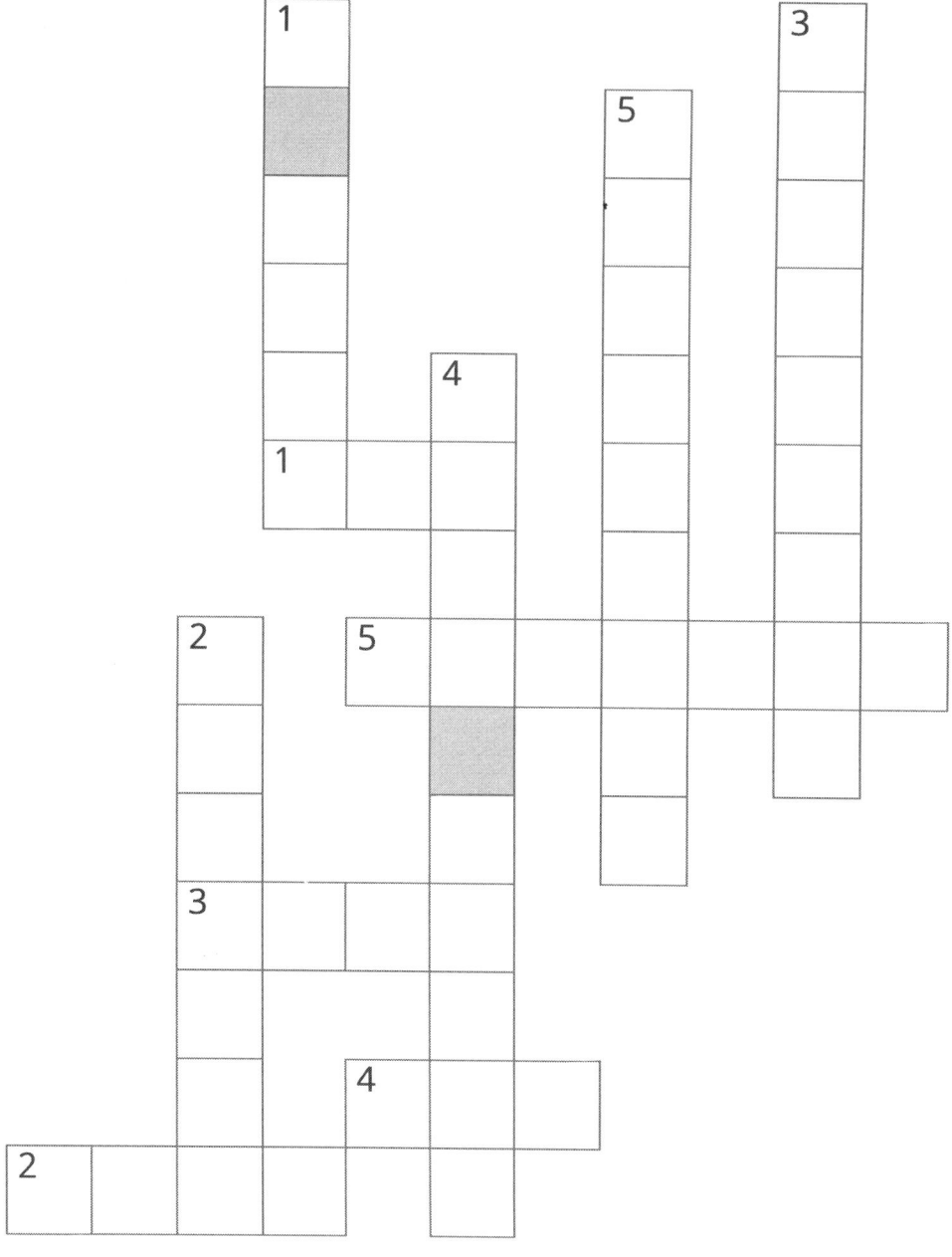

Across:
1. A singles match contains this many wrestlers
2. A ttile belt is usually made from this metal
3. a ring tends to have this many sides
4. In order to change place with a team member you must make one of these
5. the official of the match

Down:
1. In a submission match, wrestlers say these words
2. The main way to win a match
3. This person introduces the wrestlers
4. A way to officially stop a submission move
5. when making a pin, these must be pressed to the mat

DESIGN A MASK

NAME: ....

CREATE A WRESTLER: BACKSTORY

COME UP WITH A FUN BACKSTORY FOR THE RAD WRESTLER OPPOSITE

NAME: ....

AGE: .... HOMETOWN: ....

FINISHING MOVE: ....

BACKSTORY: ....

....

....

....

....

....

....

....

....

....

....

CREATE A WRESTLER

POWER ☆ ☆ ☆ ☆ ☆   **HIGH FLYING** ☆ ☆ ☆ ☆ ☆

TECHNIQUE ☆ ☆ ☆ ☆ ☆   **CHARISMA** ☆ ☆ ☆ ☆ ☆

MAZES

WORD SEARCHES

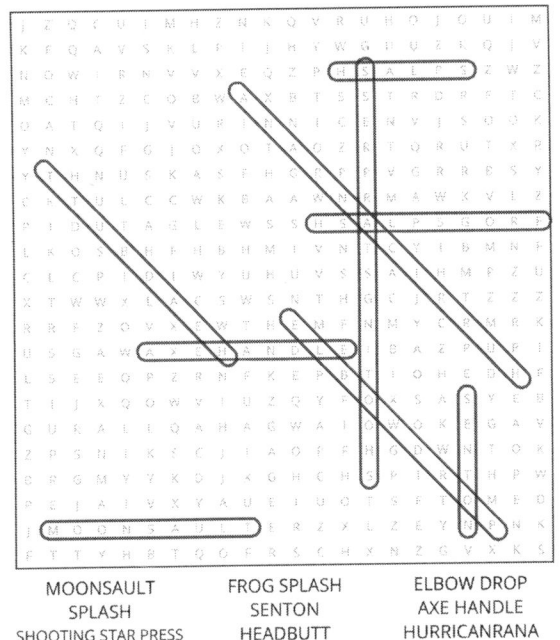

MOONSAULT   FROG SPLASH   ELBOW DROP
SPLASH   SENTON   AXE HANDLE
SHOOTING STAR PRESS   HEADBUTT   HURRICANRANA

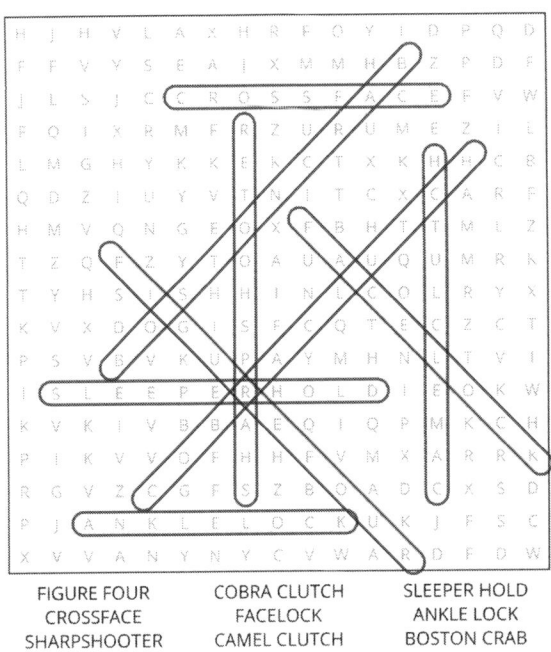

FIGURE FOUR   COBRA CLUTCH   SLEEPER HOLD
CROSSFACE   FACELOCK   ANKLE LOCK
SHARPSHOOTER   CAMEL CLUTCH   BOSTON CRAB

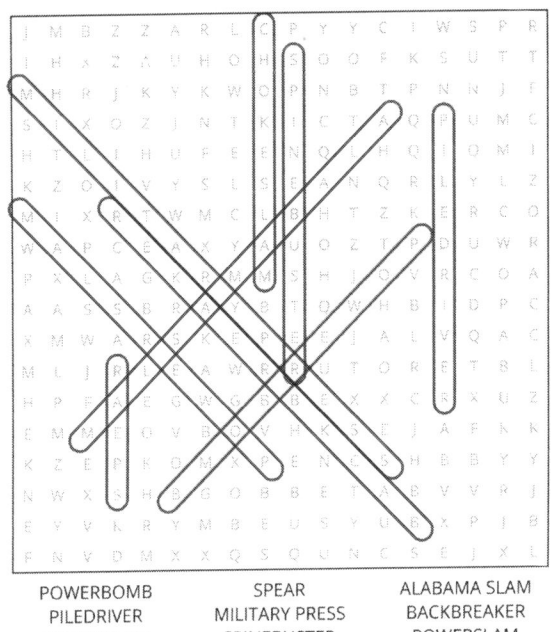

POWERBOMB   SPEAR   ALABAMA SLAM
PILEDRIVER   MILITARY PRESS   BACKBREAKER
CHOKESLAM   SPINEBUSTER   POWERSLAM

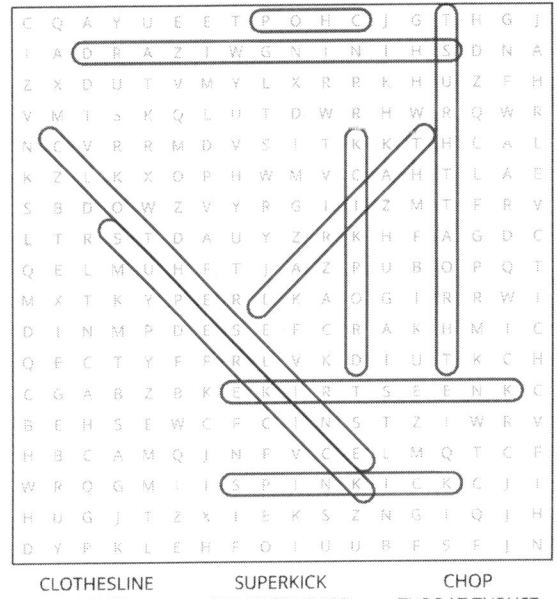

CLOTHESLINE   SUPERKICK   CHOP
LARIAT   SHINING WIZARD   THROAT THRUST
DROPKICK   KNEE STRIKE   SPIN KICK

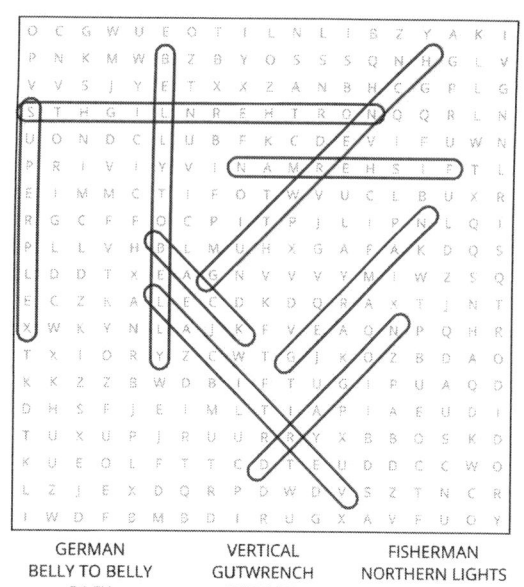

GERMAN   **VERTICAL**   **FISHERMAN**
BELLY TO BELLY   **GUTWRENCH**   **NORTHERN LIGHTS**
BACK   **DRAGON**   **SUPERPLEX**

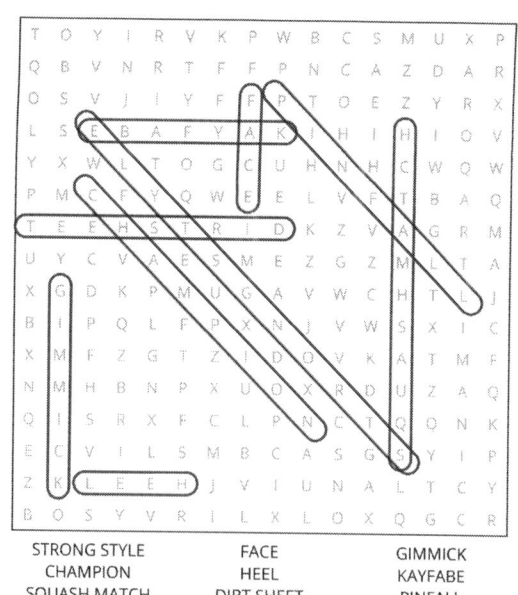

STRONG STYLE   **FACE**   **GIMMICK**
CHAMPION   **HEEL**   **KAYFABE**
SQUASH MATCH   **DIRT SHEET**   **PINFALL**

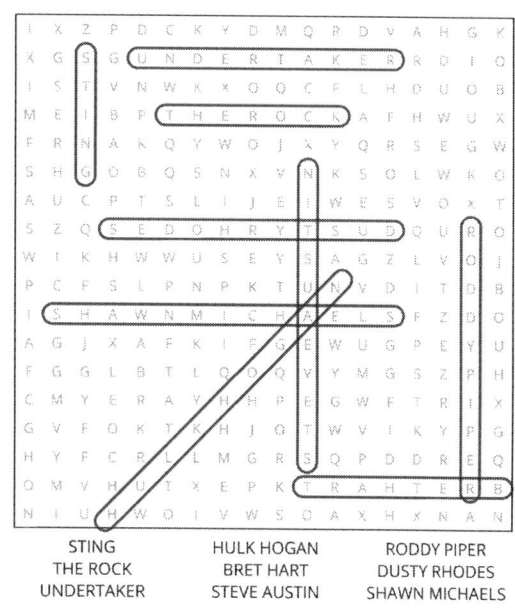

STING   **HULK HOGAN**   **RODDY PIPER**
THE ROCK   **BRET HART**   **DUSTY RHODES**
UNDERTAKER   **STEVE AUSTIN**   **SHAWN MICHAELS**

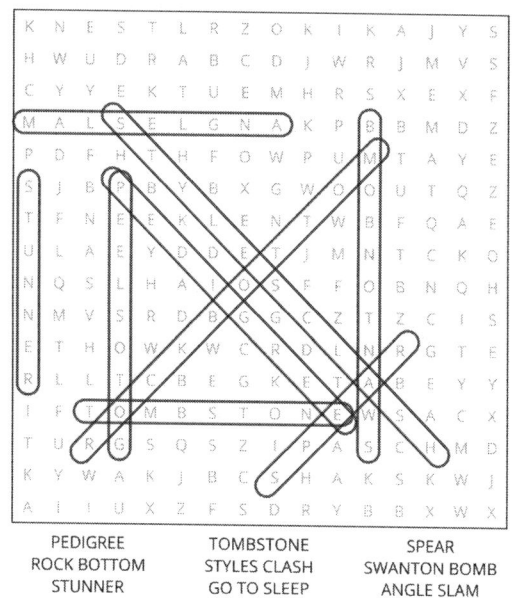

PEDIGREE   **TOMBSTONE**   **SPEAR**
ROCK BOTTOM   **STYLES CLASH**   **SWANTON BOMB**
STUNNER   **GO TO SLEEP**   **ANGLE SLAM**

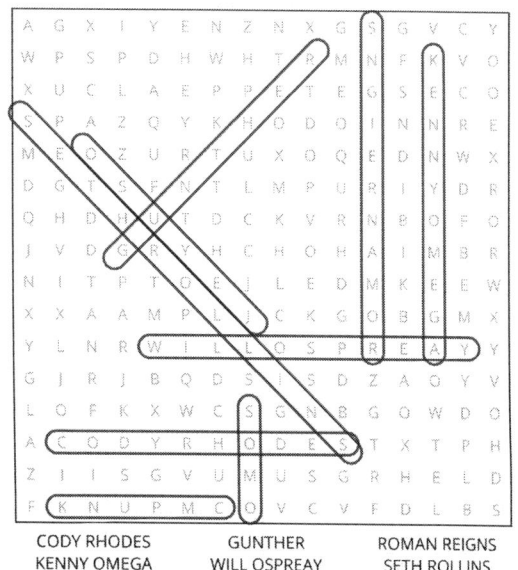

CODY RHODES   **GUNTHER**   **ROMAN REIGNS**
KENNY OMEGA   **WILL OSPREAY**   **SETH ROLLINS**
JEY USO   **CM PUNK**   **OMOS**

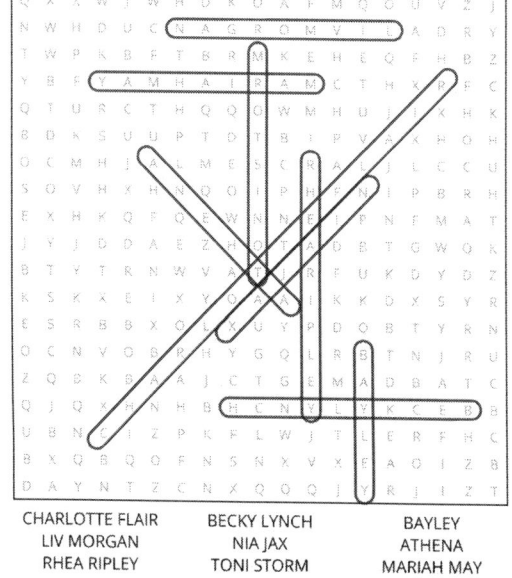

CHARLOTTE FLAIR   **BECKY LYNCH**   **BAYLEY**
LIV MORGAN   **NIA JAX**   **ATHENA**
RHEA RIPLEY   **TONI STORM**   **MARIAH MAY**

CROSSWORDS

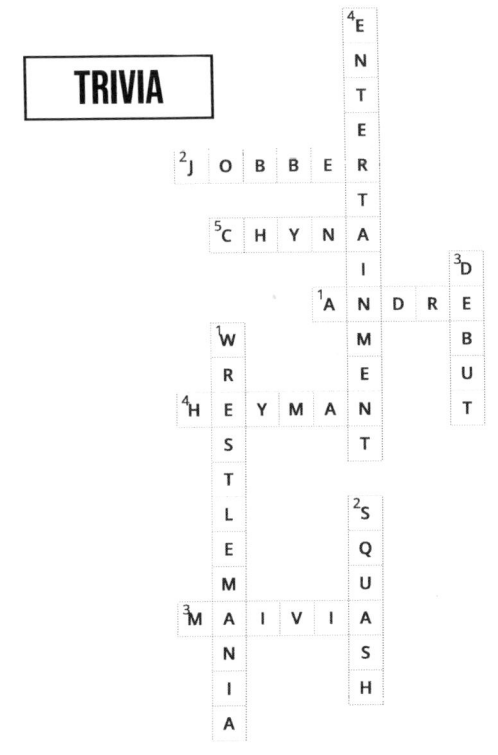
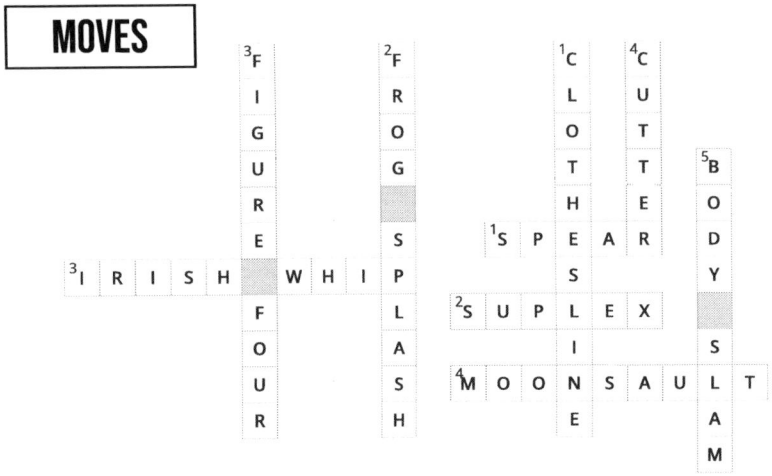
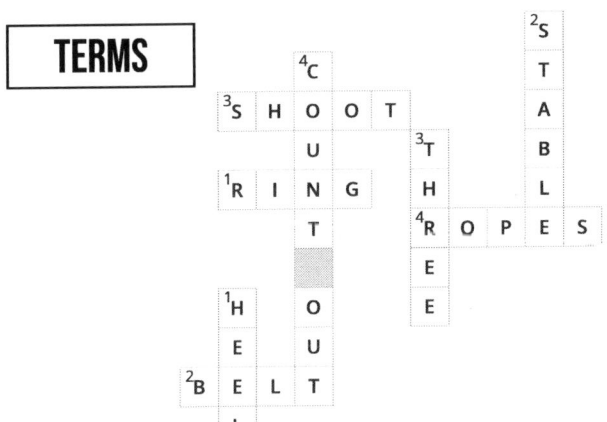

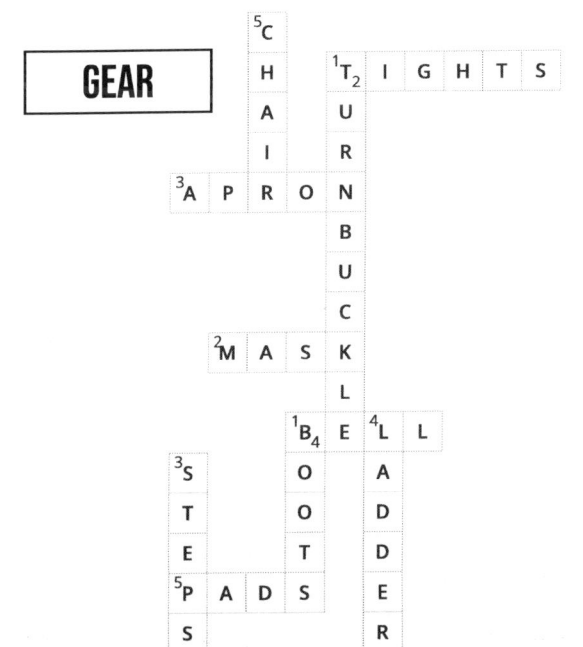
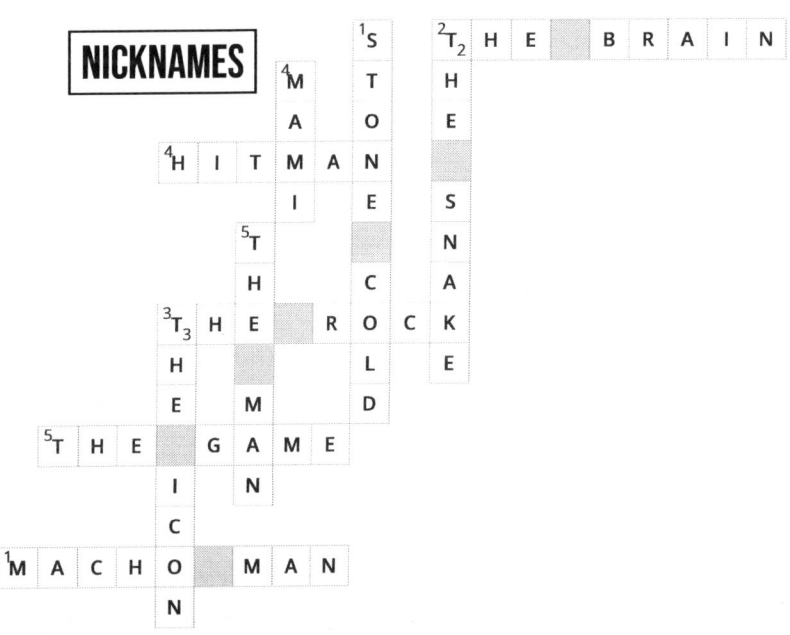

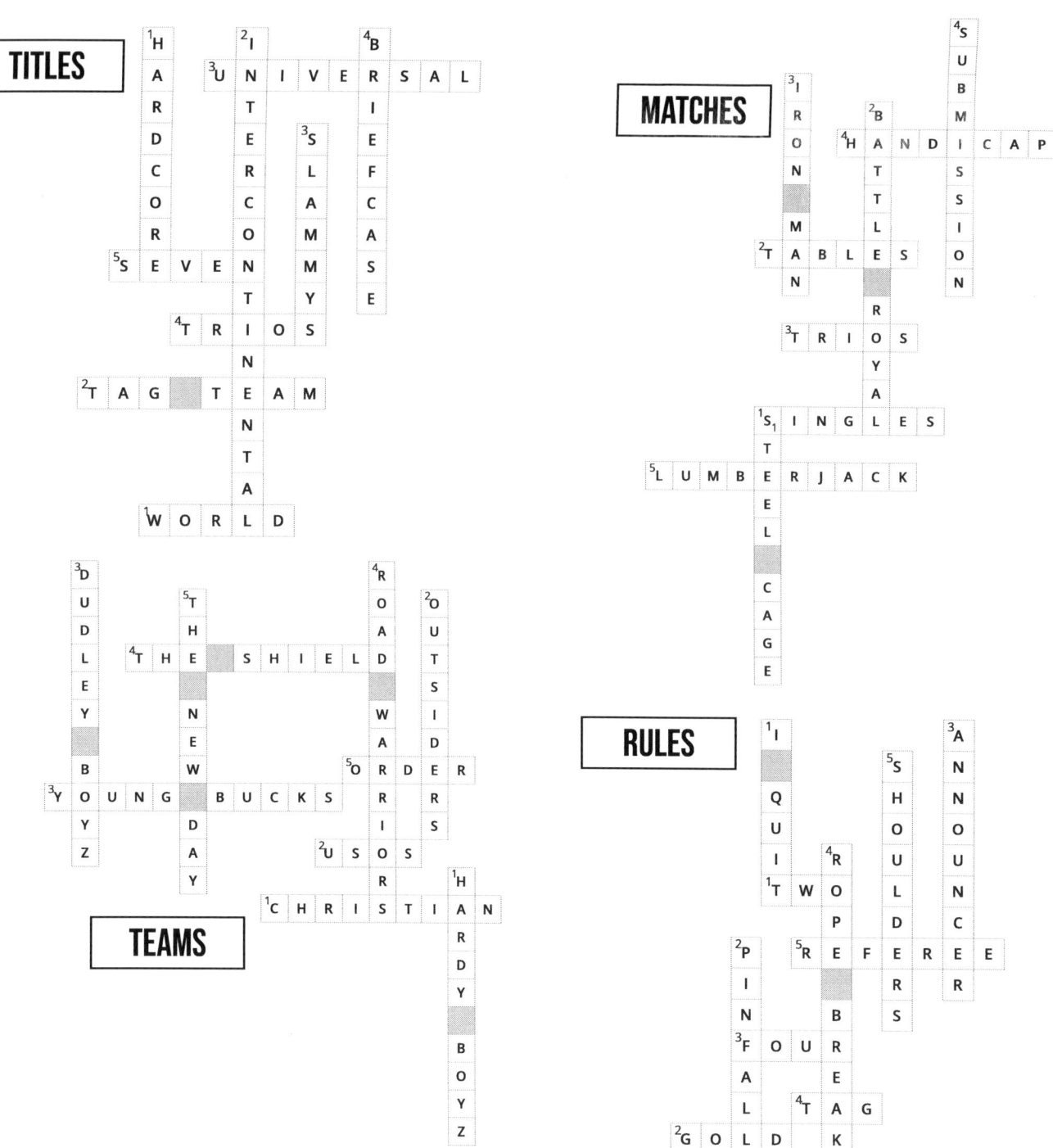

WORD SCRAMBLES

PHRASES

L LYSFIMUEO	= IF YOU SMELL
I CNIKOOSG	= IS COOKING
NYCE AEUO E'TSM	= YOU CAN'T SEE ME
YO EDIURR'EF	= YOU'RE FIRED
EAE Y HACV ADIN	= HAVE A NICE DAY
TO ATHRH WKCE	= WHAT THE ROCK
YAEH	= YEAH
EOCI DSOTSL N DASO	= STONE COLD SAID SO
CEPR NTIASE E	= REST IN PEACE
H ATSRHAW U	= WHAT A RUSH

MOVES

KLEONLCAK	= ANKLE LOCK	SREAP	= SPEAR
LGBDLUO	= BULLDOG	AKECDLHO	= HEADLOCK
TNNURSE	= STUNNER	PLGR DOE	= LEG DROP
TAARIL	= LARIAT	PHORSRHTOEAS	= SHARPSHOOTER
E AULGEMXPRSN	= GERMAN SUPLEX	ERSFTACEBU	= FACEBUSTER

EVENTS

LWRISAETEANM	= WRESTLEMANIA	AUMR ELOYBLR	= ROYAL RUMBLE
RKAOETEV	= TAKEOVER	ONEOIRVTLU	= REVOLUTION
NNG AHESD TTOIN	= ONE NIGHT STAND	ETMAYNID	= DYNAMITE
NSAWKDOMC	= SMACKDOWN	SMMELARSMU	= SUMMERSLAM
USIEOSVRVRIRE S	= SURVIVOR SERIES	FG RNKEO NTGIHI	= KING OF THE RING

LEGENDS

OAHKGU NLH	= HULK HOGAN	EASGDNY RAVA	= RANDY SAVAGE
AS LLTHCOT	= SCOTT HALL	SUTASRRTIT HS	= TRISH STRATUS
HERTRNDATKUEE	= THE UNDERTAKER	TABRRTEH	= BRET HART
RDOEGBGL	= GOLDBERG	NNEHACOJ	= JOHN CENA
HR ITDANGAETNE	= ANDRE THE GIANT	RYTIRYEESMO	= REY MYSTERIO

MALE

DNRRNYTOOA	= RANDY ORTON	SVENE WNOKI	= KEVIN OWENS
KNCUMP	= CM PUNK	OHCODRD YES	= CODY RHODES
RENIMTASP DIA	= DAMIAN PRIEST	OANL FBNIR	= FINN BALOR
RDEENT IRYWCM	= DREW MCINTYRE	NTGHREU	= GUNTHER
JUIYMOSM	= JIMMY USO	GAIHTLN K	= LA KNIGHT

FEMALE

SLSILAAXBE	= ALEXA BLISS	MAALRCEL	= CARMELLA
RCFALRIE TAOTHL	= CHARLOTTE FLAIR	AERLSHGE ECEN	= CHELSEA GREEN
UAIGLI	= GIULIA	OY YISK	= IYO SKY
D JLECALAIRG	= JADE CARGILL	KAAEIRSIN	= KAIRI SANE
MNIVRALGO	= LIV MORGAN	NAMOI	= NAOMI

MANAGERS

YLUMPHNE AA	= PAUL HEYMAN	RMYMTIH JA	= JIMMY HART
TN LDGOYED	= TEDDY LONG	BYEBEAHNNOB	= BOBBY HEENAN
SNNUY	= SUNNY	N TECMETIROJ	= JIM CORNETTE
SERHIR	= SHERRI	RAAPAE CEMD	= ADAM PEARCE
PVM	= MVP	SLDALONIC	= DON CALLIS

TITLES

HWYTOLVARHEWIGDE	= WORLD HEAVYWEIGHT	MNEWSO	= WOMENS
TTETSA DSINEU	= UNITED STATES	HERADORC	= HARDCORE
OANNLATINRIET	= INTERNATIONAL	RLENOENITANTNTIC	= INTERCONTINENTAL
EAA MTTG	= TAG TEAM	OSRIT	= TRIOS
IDTSEPDUNU	= UNDISPUTED	EHGWERIUISRCT	= CRUISERWEIGHT

WEAPONS

LTH ECERSIA	= STEEL CHAIR	ALTBE	= TABLE
DAEDLR	= LADDER	LRIGBENL	= RING BELL
CNOTIDKESK	= KENDO STICK	STC NHRAA	= TRASH CAN
IRUAGT	= GUITAR	TCSBHMKUTA	= THUMBTACKS
CIHAN	= CHAIN	HOVSEL	= SHOVEL

FACTIONS

WL DONDEO RWERR	= NEW WORLD ORDER	NGE DAN ETXROI	= D GENERATION X
OATATRN HDFUOIN	= HART FOUNDATION	LBLUCLEUBT	= BULLET CLUB
TVEOIOLNU	= EVOLUTION	JUDGN MTEYDA	= JUDGMENT DAY
HUETATT RHOYI	= THE AUTHORITY	ITHETLEE	= THE ELITE
EOIT BDHLLENO	= THE BLOODLINE	MNHFOUERS REO	= FOUR HORSEMEN

MALE 2

IFNOOINGKKTS	= KOFI KINGSTON	YWPOLSEIRLA	= WILL OSPREAY
JMF	= MJF	TMHZEI	= THE MIZ
IRSEGRN ONMA	= ROMAN REIGNS	I SNZAMYA	= SAMI ZAYN
OECCHIRT	= RICOCHET	IHLELSOTS RN	= SETH ROLLINS
DAERWIOVOX S	= XAVIER WOODS	ECH JOSIRRIHC	= CHRIS JERICHO

FEMALE 2

IJNAAX	= NIA JAX	SKRSN ICIOK	= NIKKI CROSS
RY ALPIEHRE	= RHEA RIPLEY	YRSAAA	= SARAYA
LSHZEAARBSYAN	= SHAYNA BASZLER	TCBIAKSHOLZRET HA	= SHOTZI BLACKHEART
TRNANTTFA FSTIYO	= TIFFANY STRATTON	MONSTI TRO	= TONI STORM
AVGEA INELZ	= ZELINA VEGA	EASOKYR TZ	= ZOEY STARK

SPOT THE DIFFERENCES

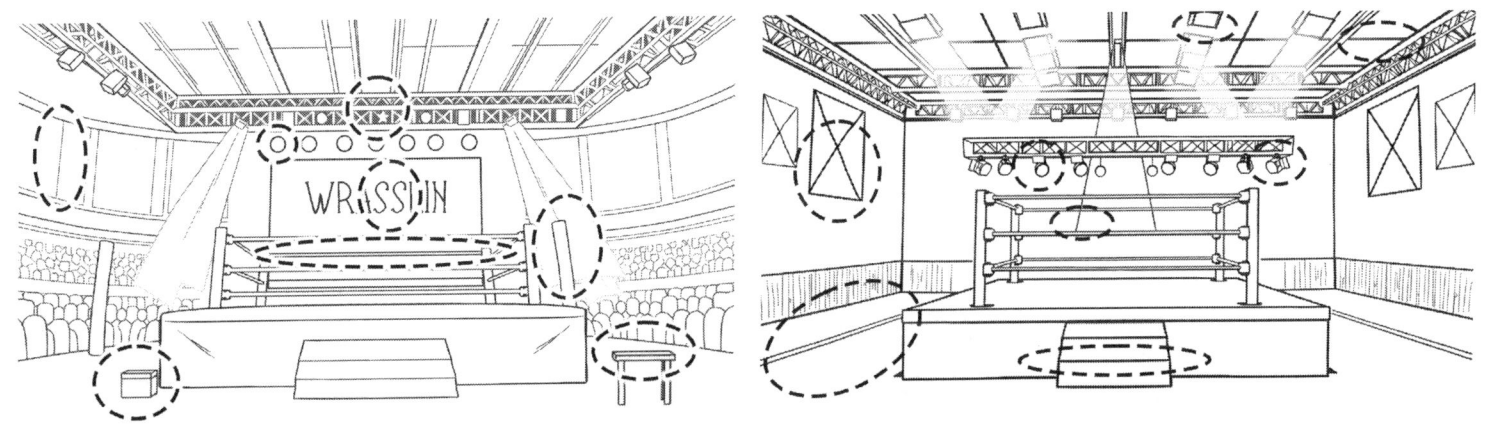

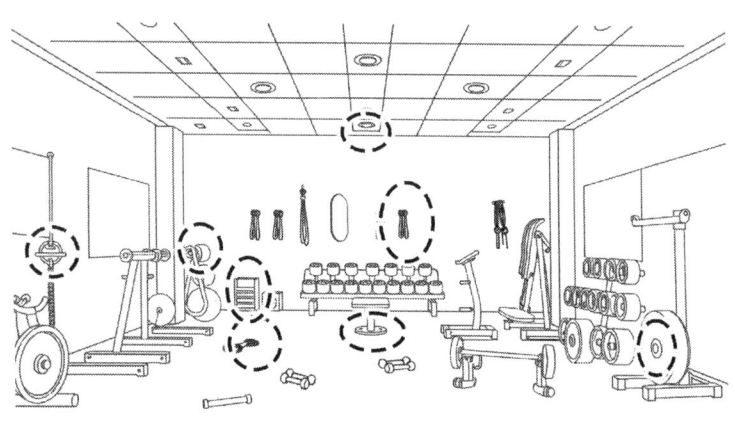

CREATIVE CONTRIBUTORS

We hope you enjoyed this activity book! If you did, why not check out some more of our books?

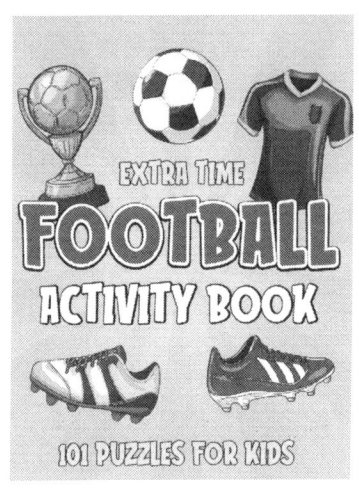

Find us on Amazon

Scan the QR Code

Printed in Dunstable, United Kingdom

74588560R00065